国家级职业教育规划教材
全国中等职业学校商务文秘专业教材

秘书礼仪（第二版）

主编　姜倩

中国劳动社会保障出版社

简介

本书主要内容包括秘书形象礼仪、秘书交往礼仪、秘书口语交际礼仪、秘书办公室礼仪、秘书会议礼仪、秘书仪式礼仪、秘书涉外礼仪等，适用于全国中等职业学校商务文秘专业。

本书在编写过程中，以实用为原则，内容的讲解和秘书的礼仪工作实际紧密结合，力求全面、系统、准确地阐述礼仪的基本知识，并着重体现礼仪在秘书工作中的实践。

本书由姜倩主编。

图书在版编目（CIP）数据

秘书礼仪 / 姜倩主编. -- 2 版. -- 北京：中国劳动社会保障出版社，2020
全国中等职业学校商务文秘专业教材
ISBN 978-7-5167-4451-2

Ⅰ. ①秘… Ⅱ. ①姜… Ⅲ. ①秘书 – 礼仪 – 中等专业学校 – 教材 Ⅳ. ①C931.46

中国版本图书馆 CIP 数据核字（2020）第 073629 号

中国劳动社会保障出版社出版发行
（北京市惠新东街 1 号 邮政编码：100029）

*

三河市潮河印业有限公司印刷装订 新华书店经销

787 毫米 ×1092 毫米 16 开本 11 印张 192 千字
2020 年 7 月第 2 版 2026 年 1 月第 2 次印刷
定价：22.00 元

营销中心电话：400-606-6496
出版社网址：http://www.class.com.cn
http://jg.class.com.cn

前 言

PREFACE

全国中等职业学校商务文秘专业教材自出版以来，在学校教学中发挥了重要作用。近年来，随着秘书行业的发展变化，企业对从业人员的知识水平和职业能力提出了更高的要求。为适应这一变化，满足学校培养人才的需求，我们组织一批教学经验丰富、实践能力强的教师与行业、企业专家，在充分调研的基础上，对现有教材进行了修订。

本次教材修订工作的重点主要体现在以下几个方面：

◆更新教材内容。根据近年来秘书工作领域的变化，在相关教材中，调整、更新了关于档案管理、办公设备使用、会计统计应用等内容；补充了与时代发展紧密相关的秘书工作案例；完善了秘书应用写作、口语交际训练等工作流程，使得教材内容更加具有前瞻性，符合时代发展特点。

◆强化职业技能和职业素质培养。教材进一步加大技能训练的比重，在涉及到文书管理、档案管理、实务管理等主要秘书工作技能的教材中，更多地加入实践题例和操作指导，方便教师开展一体化教学。同时，将与秘书行业相关的职业道德、职业操守等内容融入到教学知识、课堂问答、课后训练等环节，以加强对学生职业素质的培养。

◆提升教材表现力。通过设置案例分析、知识链接、能力提示等不同栏目，增加教材的亲和力，激发学生的学习兴趣。同时，尽可能多地以图表代替冗长的文字叙述，使教材更加生动，易于学习。

◆加强立体化资源建设。习题册修订和教材修订同步进行，同时补充开发配套的电子课件。习题册答案及电子课件可登录技工教育网（jg.class.com.cn），搜索相应的书目，在相关资源中下载。

本套教材的编写得到了有关学校的大力支持，教材的编审人员做了大量的工作，在此，我们表示衷心的感谢！同时，恳切希望广大读者对教材提出宝贵的意见和建议。

人力资源社会保障部教材办公室

目 录
CONTENTS

概　论

秘书部门处于组织运转中的枢纽位置，秘书在此位置上发挥着联络、沟通、协调等服务作用，并对外展示组织的形象。因此，良好的礼仪是秘书不可忽视的一种修养和技能。秘书必须不断提高自身的素质，在工作岗位中充分发挥礼仪的作用。

一、礼仪和秘书礼仪的含义

礼仪是指人们在社会交往中因历史传统、风俗习惯、宗教信仰、时代潮流等而形成的，以建立和谐关系为目的的各种符合交往要求的行为准则和规范。它既为人们所认同，又为人们所遵守，具体表现为礼貌、礼节、仪式、仪表等。

秘书礼仪是指秘书在工作和社会活动中，为了塑造个人和组织的良好形象而应当遵循的对交往对象的尊敬与友好的规范和程序。

二、秘书礼仪的特点

1. 规范性

秘书礼仪的规范性是指秘书在工作中的穿着打扮、言谈举止、待人接物等都应遵守相应规范，做到有礼有节。秘书礼仪的规范性使礼仪的实施易于落到实处，也便于通过专门训练达到预期的效果。

2. 对象性

秘书礼仪的对象性是指秘书应根据不同施礼对象的礼仪要求而施以恰当的礼仪，防止出现失礼现象。

3. 专业性

秘书工作要求秘书除掌握形象礼仪、交往礼仪等基本社交礼仪知识以外，还应掌握文书礼仪、会议礼仪和仪式礼仪等方面的知识，而这些礼仪知识均具有较强的专业性。

4. 发展性

秘书礼仪的发展性是指秘书礼仪的内容会随着社会的发展和时代的变迁而不断地发展更新。其原因主要有两个：一是社会的进步会促使秘书礼仪不断地发展和完善；二是随着经济全球化的不断深入，各国、各地区的文化相互影响，赋予了秘书礼仪新的内容。秘书礼仪表现形式总是不断变化的，简洁、实用、文明的礼仪活动形式是秘书礼仪的发展趋势。

三、秘书礼仪修养

一个人精神面貌的塑造，在很大程度上取决于其思想境界、道德情操和文化素养等内在修养。因此，秘书在学习礼仪规范的同时，应注重内在修养的提升，不断充实自我。

秘书礼仪修养是指秘书为了达到社交目的，按照一定的礼仪规范，结合自己的实际情况，在礼仪品质、礼仪意识、礼仪实践等方面所进行的自我修炼和自我改造。秘书礼仪修养的内涵主要表现在以下几个方面。

1. 思想道德修养

道德是礼仪的根基。秘书必须提高道德修养，以高尚的道德修养作为礼仪修养的基础，不断陶冶情操，提高自身的礼仪水平。

2. 文化修养

具有深厚文化修养的人，在商务活动中能周密思考问题、透彻分析问题、妥善处理问题，能做到反应敏捷、语言流畅、自信稳重，体现出很强的个人魅力。反之，文化修养浅薄的人，在商务活动中易缺乏自信，或者给人留下肤浅的印象。因此，秘书必须重视文化修养的提升。

3. 艺术修养

现代礼仪要求人们做到心灵美与外在美的统一。因此，秘书应提高自身的艺术修养，借鉴和运用美学原理，从艺术作品中获得美的熏陶和情感的升华。

4. 职业道德修养

职业道德是指人们在从事职业活动时，从思想到行为应该遵守的道德规范，以及与之相适应的道德观念、道德情操和道德品质等。礼仪修养与秘书职业道德密不可分，如“热情友好、宾客至上”“文明礼貌、优质服务”“真诚公道、信誉第一”等，都很好地体现了秘书职业道德规范的基本要求。

5. 心理素质修养

人的心理特征和心理历程制约着人的交往活动。因此，秘书要加强心理素质修养，善于发现和改正性格上的弱点和缺陷，努力培养完善的性格和良好的心理素质。

总之，要想拥有良好的秘书礼仪修养，必须有意识地进行学习，并持之以恒地加以实践、积累，同时加强道德、文明、艺术修养，自觉地规范自己的行为举止，最终形成良好的工作形象和个人形象。

四、秘书礼仪修养的实践

秘书礼仪本身就是一门实践艺术，离开了实践，礼仪修养就成为无源之水、无本之木。因此，要加强秘书礼仪修养，务必要坚持知行合一、理论联系实践。

1. 树立礼仪修养准则

“德成于中，礼形于外”。礼仪本身是人们道德意识、道德信念、道德情感等精神内涵的外化。没有对礼仪的正确认识，没有对礼仪精神内涵的深刻理解和把握，就不可能有积极的道德情感和正确的道德判断力。所以，秘书礼仪教育不能仅停留在“金玉其外”的表层，而要以此为起点，引导秘书讲文明、讲礼貌、讲秩序、讲道德，逐步将社会的道德规范内化为秘书的道德品质，使其成为自身的礼仪修养准则。

2. 注重循序渐进

秘书应从与自己生活最密切的环节开始，从自己的工作岗位做起，在商务活动和社会交往等场合，时时处处自觉地从大处着眼、小处入手，以礼仪的准则来规范自己的言谈举止。学习秘书礼仪，要多实践，通过各种人际关系的接触强化训练，提高自己的修养。

3. 自律与他律

礼仪是以自律为特征的，秘书应自觉遵守有关的规章制度，克服不良的行为习惯，逐步提高自我约束和自我克制的能力。

4. 注意扩展知识广度

秘书要想提高自己的文明礼貌修养，还必须有意识地广泛涉猎较多的科学文化知识，拓宽视野，提高自身综合素养。

5. 掌握礼仪的精华

秘书要想卓有成效地提高礼仪修养，还要善于抓住重点。礼仪的重点是指商务活动中具有普遍意义的主要原则，如以右为尊原则、正式场合着装必须遵守的TPOR 原则等。在掌握这些基本原则的基础上，要善于举一反三、以点带面。

思考与练习

一、秘书礼仪与日常礼仪相比，具有哪些特点?

二、对照秘书应具有的礼仪素质修养，你觉得自己还有哪些方面存在差距？你准备采取哪些措施缩短这些差距?

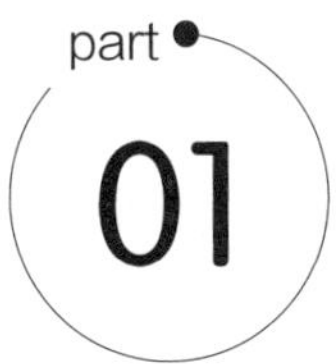

第一章 秘书形象礼仪

学习目标

- 掌握秘书仪容礼仪的基本要求
- 掌握秘书仪表礼仪的基本要求
- 掌握秘书仪态礼仪的基本要求与禁忌

整齐美观、得体端庄的仪容、仪表和优雅的仪态不仅能展示秘书的个人形象，而且还有助于树立秘书所在单位的整体形象。本章将从仪容、仪表和仪态三个方面讲解秘书形象礼仪的基本知识以及形象设计的一般方法。

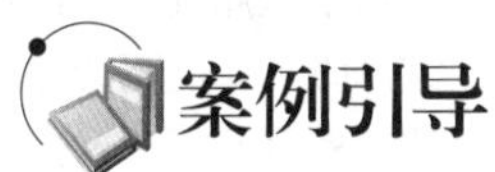

案例引导

小王大学毕业后在一家企业办公室担任秘书。她工作积极主动，真诚地与同事相处，但她不喜欢化妆，头发枯黄地贴在额头，所穿着的服装也较为随意，经常身着运动衣裤上班。上司为此多次找她谈话，她却不以为然，自认为是“自然美”。一年以后，小王被安排到资料室，一位形象姣好的女同事替代了她的位置。小王始终都没有弄明白，自己这么努力工作，为什么还会被调离她喜欢的秘书岗位呢？

想一想：

1. 小王为什么会被调离秘书岗位？
2. 秘书的个人形象与其所在单位的形象有什么关系？

第一节　秘书仪容礼仪

仪容礼仪主要是指一个人的容貌美化与修饰。就个人整体形象而言，仪容可以反映一个人的精神面貌、朝气和活力，是传递给所接触对象感官的最直接、最生动的第一信息。秘书仪容礼仪的最基本要求是庄重、简洁、大方。

一、仪容清洁

仪容的清洁是仪容美的最基本条件。

1. 面部清洁

表 1–1 介绍了女性正确的清洁和保养面部的方法（扫描右侧二维码可观看视频）。

表 1–1　　女性正确的清洁和保养面部的方法

步骤	图示	方法	注意要点
第一步：用温水湿润面部		温水湿润既能保证毛孔充分张开，又不会使皮肤的天然保湿成分过分流失	忌用过冷或过热的水洗脸
第二步：使洁面乳充分起沫		将洁面乳在掌心充分打起泡沫，接着开始重点清洗皮脂分泌较多的 T 字部位、嘴巴四周和下颌	● 洁面乳的量不宜过多，面积有硬币大小即可 ● 洁面乳如果没有充分起沫，不但达不到清洁效果，还会残留在毛孔内引起青春痘 ● 别忘记对发际周围、颈部、下颌底部、耳后等位置进行清洁

续表

步骤	图示	方法	注意要点
第三步：轻轻按摩		轻轻地由皮肤内侧向外侧打圈按摩	● 用指腹按摩，不可用指尖接触皮肤，也不可太用力，否则易导致皮肤产生皱纹 ● 按摩次数大约为十五次，确保泡沫遍及整个面部
第四步：清洗洁面乳		用湿润的手掌轻轻清洗和按压面部，反复几次直至彻底清除洁面乳	清洗和按压时，忌过于用力，以免伤害皮肤
第五步：检查发际周围等部位		检查发际周围、颈部、下颌底部、耳后是否有残留的洁面乳	残留的洁面乳容易使发际周围长痤疮，务必要清洗干净
第六步：用冷水撩洗		用双手捧起冷水撩洗面部二十下左右，同时用蘸了冷水的毛巾轻敷面部	冷水撩洗既能收紧毛孔，又能促进面部血液循环，但忌用过冷的水

注：T 字部位是指人的额头和鼻子（特别是额头和鼻子两翼）构成的区域，因其形状很像大写的英文字母“T”，所以叫 T 字部位。T 字部位的皮肤容易分泌油脂，是较难打理的皮肤“死角”。

秘书进行仪容清洁时应注意以下几点。

（1）面部干净清洁，无汗渍。

（2）注意面部保养，无疮口。

（3）男性对于不雅的体毛，如鼻毛、耳毛、胡须等，应予以修剪。

（4）根据自己皮肤的特点采取相应的护理方法，以弥补自身的不足。各类皮肤特点及其护理方法见表 1-2。

表 1-2　　各类皮肤特点及其护理方法

特点 类型	毛孔情况	光泽度	易出现的问题	相应的护理方法
油性皮肤	粗大	好	易长暗疮、黑头、白头和螨虫	洗脸时在热水中加入几滴白醋，能有效地清洁皮肤上过多的油脂、皮屑和灰尘，使皮肤显得光洁美观，并减轻毛孔堵塞
干性皮肤	细小	差	易脱屑、长皱纹和斑点	将玫瑰花瓣浸泡水中，加入几滴蜂蜜，沾湿面部后，用手拍打至干燥，每晚两至三次，能滋润面部，使皮肤光滑细腻
中性皮肤	均匀	正常	易随季节变化而变化	晚上洗脸后，用水蒸气蒸脸片刻，然后轻轻抹干
混合性皮肤	T 字部位粗大、面颊部位细小	一般	T 字部位易长暗疮、黑头、白头和螨虫，面颊易脱屑、长皱纹和斑点	洗脸时，在出油的部位多洗一次。应分区使用面膜，T 字部位使用清爽的面膜，干燥部位使用保湿、营养面膜

交流区

想知道你的皮肤类型吗？可选择下述几种方法进行测试，以便在日常生活中更好地护理自己的皮肤。

1. 观察法：根据各类皮肤特点用肉眼观察判定。

2. 擦拭法：在早上未洗脸前，用纸巾擦拭面部（先擦 T 字部位，再擦面颊），根据“黄色颗粒”的多少来判定：整体都多为油性皮肤，T 字部位多而面颊少为混合性皮肤，整体都少为干性皮肤。

3. 洗脸法：用冷水洗脸，从紧绷感来判定：二十分钟紧绷感消失为油性皮肤，三十分钟紧绷感消失为混合性皮肤，四十分钟紧绷感消失为干性皮肤。

我选用的皮肤测试方法是____________，我的皮肤类型是__________。我的皮肤护理方案是____。

2. 口腔清洁

秘书进行口腔清洁时应注意以下几点。

（1）牙齿无异物

坚持“三三”制，即每日三餐后的三分钟内要刷牙或漱口，这样既能保证口腔的卫生健康，又能避免食物夹在牙齿缝隙中。如遇异物塞牙，切忌当众剔牙。

（2）牙齿保持洁白

尽量养成不吸烟、不喝浓茶的习惯，以免牙齿变黄变黑。如果牙齿出现变黄变黑的情况，可选择到口腔医院洗牙。

（3）口腔无异味

养成早晚刷牙的习惯；不暴饮暴食，多吃清淡食物，忌油腻和辛辣，戒烟酒；工作之前不吃葱、蒜、韭菜等食物；与人近距离交谈时，应用手掩住口部。如遇口腔有异味，可通过咀嚼口香糖或食用话梅减少异味。

知识窗

引起口腔异味的主要原因

- 食物残渣长期积存在口腔内，在细菌的作用下发酵腐败分解，产生难闻的气味。
- 牙周疾病、龋齿等造成口腔异味。
- 患有消化道疾病，如胃动力缺乏、消化不良等造成口腔异味。
- 饮食不当引起的口腔异味，如吃葱、蒜、韭菜等食物。

3. 头发清洁

秘书进行头发清洁时应注意以下几点。

（1）无异味、无异物（无头屑），不染夸张的颜色。

（2）经常洗发。洗发时，应根据自己的发质选择合适的洗发液。两次洗发间隔时间最长不应超过三天，夏季或经常进行户外运动及油性发质者应每天洗发。

（3）定期修剪。男秘书的头发应每半个月修剪一次，最长不应超过一个月；留短发的女秘书，两次修剪间隔时间不应超过一个月。

二、仪容美化

仪容美化就是适度化妆。化妆是一种修饰，可强化皮肤和五官的长处，掩饰瑕疵。精致的妆容可以增添个人魅力，对于女秘书而言，在工作环境中应化淡妆，男秘书则应侧重于面部的清洁和保养。

1. 化妆的基本步骤

化妆根据功能不同可以分为基础化妆和重点化妆。基础化妆包括清洁、滋润、收敛、打底与扑粉等，是指整个面部的基础敷色。基础化妆具有护肤功能。重点化妆包括画眼影、画眼线、刷睫毛、涂鼻侧影、涂腮红与涂口红等，是指眼、眉、鼻、颊、唇等部位的细部化妆。重点化妆能修饰脸型，突出五官的立体感。

化妆的基本步骤如下：洁面→涂收缩水（化妆水）→搽面霜→打粉底→第一次定妆（涂干粉）→修眉和画眉→画眼影→涂鼻侧影→涂腮红→第二次定妆（涂干粉）→刷睫毛膏→涂口红。

2. 化妆的技巧

针对不同的脸型，采用不同的化妆技巧，一方面可突出五官最美的部分，另一方面可掩盖或矫正五官不足的部分。不同脸型的化妆技巧及化妆重点见表 1–3（扫描右侧二维码可观看视频）。

表 1–3　不同脸型的化妆技巧及化妆重点

脸型	脸型的特点	化妆技巧	化妆重点
椭圆脸型	又称鹅蛋脸型、标准脸型。脸略长但丰满，下颌呈圆弧形。面部线条圆润，给人以温柔、贤淑之感	化妆时应注意保持其自然形状，突出其可爱之处，不必通过化妆去修饰脸型	● 修眉和画眉：眉毛可顺着眼部轮廓修成弧形，眉头应与内眼角齐，眉尾可稍长于外眼角 ● 涂腮红：腮红应涂在颧骨最高处，再向上向外抹出 ● 涂口红：除嘴唇唇形有缺陷以外，尽量按自然唇形涂抹
长脸型	脸窄而长，颊下陷，脸型纵向感突出。面部线条生硬，给人以生硬之感	化妆时应着重缩短面部长度、增加面部宽度	● 修眉和画眉：眉毛位置不宜画得太高，眉尾切忌高翘 ● 涂腮红：腮红涂在颧骨最高处与太阳穴下方所构成的曲线部位，然后向上向外抹出。腮红前端距离鼻子要远些。两颊下陷或窄小者，宜在这两个部位敷淡色粉底成光影，使其显得较为丰满 ● 涂口红：可将唇形稍微涂得厚一些
圆脸型	给人可爱、玲珑之感	化妆时应将脸型修饰成椭圆状	● 修眉和画眉：眉毛可修成自然的弧形，可做少许弯曲，不可过于平直或有棱角 ● 涂腮红：腮红从颧骨一直延伸到下颌部，必要时可利用暗色粉底做成阴影 ● 涂口红：可将上唇涂成浅浅的弓形，不宜涂成圆形的小嘴状，以免有圆上加圆之感

续表

脸型	脸型的特点	化妆技巧	化妆重点
正三角脸型	前额较窄而两腮较宽，整个面部上窄下宽	化妆时应将下部宽角“削”去，把脸型修饰成椭圆形	● 修眉和画眉：眉毛宜保持自然状态，不可过于平直或过于弯曲 ● 涂腮红：腮红从外眼角向外抹涂，两腮可用较深的粉底来掩饰 ● 涂口红：可将唇角涂成稍向上翘的形态
倒三角脸型	又称瓜子脸型，前额较宽而两腮较窄，整个面部上宽下窄	化妆时应将上部宽角“削”去，把脸型修饰成椭圆状	● 修眉和画眉：眉毛应顺着眼部轮廓修成自然的眉形，眉尾不可上翘；画眉时从眉心到眉尾的颜色宜由深渐浅 ● 涂腮红：腮红应涂在颧骨最突出处，再向上向外抹出。如果化妆者的下颌特别尖，则面部下方要用浅色的粉底；而过宽的前额则宜用深色的粉底 ● 涂口红：宜用稍亮的唇膏加强柔和感，可将唇形涂得宽厚一些
方脸型	颊骨突出	化妆时应设法加以修饰，增加面部的柔和感	● 修眉和画眉：应稍阔而弯曲，不宜有棱角 ● 涂腮红：腮红切忌涂在颧骨最突出处，可抹在颧骨稍下处并向外揉开。可用暗色调粉底，在颧骨最宽处画出阴影效果，令其方正感减弱。下颌部宜用大面积的暗色调粉底画出阴影效果，从感官上改变面部轮廓 ● 涂口红：可将唇形涂得丰满一些，强调柔和感

3. 化妆的注意事项

（1）化妆色彩要与个人内在气质相吻合

通常清纯可爱型的女士可选择粉色系列的色彩，忌浓妆和强烈的色彩；高雅秀丽型的女士可选择玫瑰或紫红色系列的色彩，眼影尽量不用对比强烈的颜色，以咖啡色、深灰色为最佳；浓艳娇媚型的女士可选用热情的大红色，眼影可采用强烈的对比色。

（2）化妆色彩要与个人肤色相吻合

通常挑选粉底时，最好选择与肤色完全一致或比肤色浅一些的颜色，不宜选太白、太暗或与自己肤色差异较大的颜色。选择腮红时，如果肤色较白，宜选用粉红色系列的颜色；如果肤色较深，应选用咖啡色系列的颜色，使肤色看起来更健康。选择口红时，如果肤色较深，宜选择浅色或含荧光的口红；如果肤色较白，则可选择任何颜色的口红。

（3）化妆色彩应与服装颜色相协调

通常穿着深色单一色彩的服装时，可选择邻近或同色系的彩妆搭配；穿着黑、白、灰色的服装时，可选择较鲜艳、较深、无荧光的彩妆搭配；穿着红色系有花纹图案的服装时，可选择图案中的主要色彩或同色系但深浅不同的色彩搭配；穿着蓝、绿色系有花纹图案的服装时，可采用对比色系或同色系的色彩搭配。

4. 化妆的禁忌

（1）忌浓妆艳抹

工作妆总体特点是简约、清丽、素雅，具有较强的立体感。它既要给人以得体的印象，又不应显得脂粉气十足，其最高境界是“有妆若无妆”。

（2）忌过于芳香

在工作场合，秘书对任何化妆品都不能过量使用，更不应选择浓香型化妆品和香水。通常认为，与他人相处，身上的香味在一米之内能被对方闻到，化妆品的使用不算过量；在三米之外还能被对方闻到，则化妆品的使用肯定是过量了。

（3）忌妆面残缺

在工作场合，秘书要注意保持妆面的完整，应时常检查妆容并及时补妆，尤其是在用餐、饮水、休息或出汗之后。如果妆面出现深浅不一、残缺不全的现象，不仅有损自身形象，更重要的是，它还会给人留下做事缺乏条理，为人懒散、拖沓、不善自理的不良印象。

（4）忌当众化妆或补妆

礼仪讲究修饰避人，化妆在修饰之列，自然也应避人。在工作场合当众化妆或补妆是很不庄重的行为，而且容易给人留下只顾自己形象，对待工作不专心的印象。如果需要化妆或补妆，应在无人处或洗手间进行。

（5）忌借用化妆品

使用化妆品时应整洁、卫生，不要借用或为了应急而使用他人的化妆品，也不要将自己用过的化妆品借给别人。

（6）忌讨论化妆问题

女性之间经常会以化妆为共同话题，但在工作时，切忌与他人讨论化妆技巧，更不能谈论、评价他人的妆容。

三、发型选择

1. 发型的基本标准

秘书发型的基本要求是干净、整洁，平时应注意修饰、修剪。

男秘书发型的具体要求为前发不遮眉，侧发不覆耳，后发不触及衣领，不留过厚或过长的鬓角。

女秘书发型的具体要求为简约、美观、大方，发卡或发带的选择应庄重大方。

2. 发型的选择技巧

秘书应根据自己的体型、脸型、年龄、性别及职业特点选择适合自己的发型。

（1）发型与体型的搭配技巧

人的身长和头部的理想比例为（7～7.5）：1。在设计发型时，应考虑个人的整体比例，选择与体型相协调的发型，以弥补体型的缺陷。常见体型与发型的搭配技巧见表 1–4。

表 1–4　常见体型与发型的搭配技巧

体型	适宜的发型
矮小型	适宜留短发、中长发或盘发，不宜留长发、披肩发，不宜烫大波浪
高大型	适宜留直发、烫大波浪、束发或盘发，不宜烫小卷或繁杂的花样
矮胖型	适宜留轻便的运动式发型或盘发，不宜烫大波浪、留长直发
瘦高型	适宜留长发或烫大波浪，不宜盘高发髻，也不宜留平直、服帖或过短的头发

（2）发型与脸型的搭配技巧

脸型是决定发型最重要的因素之一，发型的选择应与脸型相协调，常见脸型与发型的搭配技巧见表 1–5。

表 1–5　常见脸型与发型的搭配技巧

脸型	适宜的发型
椭圆脸型	东方女性的最佳脸型，可搭配任何发型
圆脸型	通过搭配尽量将脸型修饰成椭圆形。头顶部头发应蓬松，而额头和面部两侧头发垂顺并服帖，设计发型时一定要剪出刘海。宜选择中长发或长发，不宜选择短发
长脸型	通过搭配尽量将脸型修饰成椭圆形。设计发型时一定要剪出刘海，在侧面修出曲线，在面部周围烫出发卷。不宜选择长而直和中分的发型
方脸型	通过搭配尽量将脸型修饰成圆形。头顶部头发稍微提高，而额头两侧与下颌两侧适当拉低，使面部看起来修长柔和。宜选择全刘海或中分的发型，不宜选择头发向后梳或者披肩、露耳的发型
正三角脸型	可以尝试比较柔和的波浪卷发，以中长或及肩的长度为宜，并增加额头两侧头发的厚度
倒三角脸型	下颌两侧的头发较蓬松，而额头两侧的头发较服帖，以达到视觉平衡的方式修饰脸型。宜选择短发

(3) 发型与自身气质的搭配技巧

秘书在选择发型时，应与自身气质相协调，具体的搭配技巧见表 1–6。

表 1–6 气质与发型的搭配技巧

气质特征	适宜的发型
内向、羞于言谈	自然内卷式发型
开朗、潇洒	长发波浪式发型
活泼、天真	长发童花式发型
温柔、文静	长发曲直式发型
豪爽	短发发型

交流区

综合各方面的因素，为自己设计一款适宜的发型。

我的性别：________________。

我的体型：________________。

我的脸型：________________。

我的性格、气质特征：________________。

我选择的职业：________________。

设计出的发型：________________。

第二节 秘书仪表礼仪

服饰是人们对衣着打扮及所佩戴饰品的统称，是仪表最重要的组成部分。服饰是一种无声的语言，既能体现人的性格特点、文化修养和审美能力，又能体现人的地位及职业特征。

一、基本着装原则

1. TPOR 原则

TPOR 原则是由我国著名的礼仪专家吕艳芝在世界通行的 TPO 着装原则的基

础上提炼总结出来的。TPOR 是英语“Time”“Position”“Occasion”“Role”的首字母缩写，其中“T”代表时间，“P”代表地点，“O”代表场合，“R”代表角色。TPOR 原则是指秘书在日常的工作和生活中，着装要兼顾时间、地点、场合和角色，并与之相适应。

2. 配色原则

秘书在工作场合应选择正装，为了保证正装穿着的庄重、典雅和规范，在选择正装时应注意遵循三色原则。所谓三色原则是指一次穿着服装的色彩不能超过三种颜色。遵循三色原则不仅能保持正装庄重、典雅的总体风格，还能使正装显得规范、简洁、和谐。

正装色彩一般宜选单色、深色。较标准的套装色彩宜为蓝色、灰色、棕色或黑色；衬衫的色彩为白色；皮鞋、袜子、公文包的色彩宜为深色，其中以黑色为最佳。

3. 文明原则

在任何情况下，服饰都应当整洁。服饰纽扣等配件应齐全，不能有污渍、开线和破洞，尤其应注意衣领和袖口的清洁。服饰的穿着应符合社会的道德传统和常规做法，一忌过分暴露，二忌过分透视，三忌过分短小，四忌过分紧身，五忌过分鲜艳，六忌色彩过多。

4. 协调原则

协调原则要求秘书选择服饰时，在不违背岗位要求和环境要求的前提下，应注意与个人的性格、年龄、体型、气质、职业相协调。协调原则既能发挥服饰的装饰性功能，又能反映着装者的个性特征，显现着装者独特的个人魅力和精神风貌。

二、女秘书着装礼仪

女秘书的服装一般以西装、套裙为宜，其中以套裙为佳。在穿着套裙时，除关注套裙本身的穿着要求以外，应注意衬衫、内衣、衬裙和鞋袜的穿着礼仪。

1. 选好套裙

套裙的上衣可以短至腰部，但不宜再短；袖长不超过着装者的手腕；裙子不可短于膝盖，但也不可长至脚踝。

套裙的色彩应以冷色调为主，不宜选择过于鲜艳的颜色。套裙的上衣和裙子如果为同色，则显得庄重正统；如果是上浅下深或上深下浅两种对比色，则显得富有活力和动感。

2. 配好衬衫

与套裙相配套的衬衫以单色为最佳，除白色以外，其他颜色只要不是过于鲜艳，与所穿的套裙色彩不互相排斥的，均可选择。

穿着衬衫时，必须注意以下事项：一是衬衫的下摆必须塞进裙腰之内，不得任其悬垂于外，或是将其在腰间打结；二是衬衫的纽扣要全部系好，除最上端的一粒纽扣按照惯例允许不系以外，其他纽扣不得随意解开；三是在公共场合不可随意脱下外衣，直接将衬衫外穿。

3. 选好内衣

在选择内衣时，要注意大小适当，颜色多选用白色、肉色或粉红色等。穿着内衣时，不可外露、外透。

4. 必配衬裙

衬裙应线条简单、大小合适，穿着时不暴露在外，衬裙的颜色以白色、肉色为宜。

5. 穿好鞋袜

与套裙相搭配，袜子以肉色的连裤袜为宜，鞋子则以黑色半高跟的船型皮鞋为最佳。在正式场合，系带皮鞋、丁字形皮鞋、皮靴、皮凉鞋均不宜与套裙搭配。

女秘书在选择与套裙相配的鞋袜时，还应注意以下几点：一是大小适宜；二是完好无损，皮鞋如果开线、裂缝、掉漆、残破，袜子如果有破洞、跳丝，都应立即更换；三是不可当众脱下鞋袜，不可用脚尖挑鞋，不可将鞋处于半脱状态；四是不允许穿两只不同的袜子，不可将袜口暴露在外。

三、男秘书着装礼仪

男秘书的着装应以西装为主，穿着西装应遵循相应的穿着礼仪。

知识窗

男士穿着西装的“三个三”

三色原则：所有服饰的颜色限制在三种之内。

三一定律：皮鞋、腰带和公文包的颜色要一致，以黑色为最佳。

三大禁忌：一忌不拆掉西装袖口的商标。二忌袜子的色彩、质地不符合要求。正式场合不穿尼龙袜、丝袜，不穿白色的袜子，袜子的颜色应以深色为宜或与皮鞋的颜色一致。三忌领带打法出现问题。领带的质地和颜色应符合要求，穿非职业装、短袖装、夹克不宜打领带。

1. 选好西装

合身得体的西装的标准是袖至手腕、衣至虎口、裤至脚面，领围以穿着后可以插入一指大小为宜，上衣的胸围、裤子的腰围以能穿进一套羊毛衣裤为宜。

2. 配好衬衫

与西装相配的衬衫的领型多为方领，颜色为单色，并应与西装的颜色形成对比，不宜选择西装的同类色，否则体现不出衬衫与西装的层次感。衬衫的领口和衣袖要长出西装领口和袖口一至二厘米，以显示穿着层次。穿着衬衫时，下摆务必要塞进西裤内，并系好纽扣。

3. 系好领带

在正式场合，穿着西装要系领带。西装纽扣与领间的“V”字区最为显眼，领带结应处于这个部位的中心。领带的长度以到皮带扣处为宜，色彩和花纹以冷暖相间为宜，领带夹一般夹在第四粒纽扣与第五粒纽扣之间。常见的领带系法见表 1–7（扫描右侧二维码可观看视频）。

表 1–7 常见的领带系法

方法	特点	系法图示
温莎结	最正统的领带系法，打出的领带结呈正三角形，饱满有力，适合搭配宽领衬衫，用于出席正式场合。面料过厚的领带不可用来打温莎结	
四手结	通过四个步骤就能完成领带打结的过程，故名“四手结”。它是最快捷的领带系法，适合宽度较窄的领带，搭配窄领衬衫，风格休闲，适用于休闲场合	

续表

方法	特点	系法图示
交叉结	打出的领带结有一道分割线，适合颜色素雅且质地较薄的领带，给人以时尚感	
平结	与四手结的系法相似，领带结呈斜三角形，适合搭配窄领衬衫	

4. 系好纽扣

西装有单排扣西装和双排扣西装之分。穿西装时，应系好纽扣，双排扣西装一般要求把全部纽扣都系上。单排两粒扣西装一般系上纽扣不系下纽扣，单排三粒扣西装系中间一粒纽扣或上面两粒纽扣，单排扣西装也可以不系纽扣。但如果将单排扣西装的扣子全部系上则不符合穿着规范。

5. 用好衣袋

穿着西装时，应用好衣袋。西装外部衣袋中，除左胸部的衣袋可放折叠好的装饰手帕，其他衣袋不可装其他物品，不然会使西装变形。西装上衣的内侧口袋可用来装钱包、名片夹和笔等随身携带的物品。

6. 穿好鞋袜

西装应与皮鞋相配套，其他鞋子如布鞋、运动鞋、磨砂皮鞋等，都不可与西装搭配。皮鞋的颜色宜选用深色和单色，正式场合以系带的黑色皮鞋为最佳。与西装配套的袜子颜色以深色和单色为宜，其中以黑色为最佳。

7. 注意细节

在非正式场合，可单穿西裤与马甲、衬衫或衬衫搭配，但必须系上衬衫袖口的纽扣，且不可挽袖卷裤。在正式场合，不宜穿西裤配短袖衬衫、系领带。

交流区

根据所学知识，以下符合西装穿着要求的图示有：＿＿＿＿＿＿＿＿＿＿。

以下不符合西装穿着要求的图示有：＿＿＿＿＿＿＿＿＿＿＿＿＿＿＿。

请说明不符合西装穿着要求的原因：＿＿＿＿＿＿＿＿＿＿＿＿＿＿＿。

图 1 　　图 2 　　图 3

图 4 　　图 5 　　图 6

四、饰品的佩戴礼仪

1. 饰品的佩戴原则

饰品是服饰的一个重要组成部分，秘书在工作中佩戴饰品应遵循以下原则。

（1）以少为宜

佩戴的饰品应符合身份，数量以少为宜，一般不超过三种；佩戴同一种饰品，则最多不宜超过两件。

（2）佩戴有方

穿着制服时，一般不宜佩戴任何饰品；穿着西装、职业装时，不宜佩戴工艺品。任何情况下都不宜佩戴珠宝饰品，不应佩戴脚链、鼻环等饰品。

（3）同色同质

所佩戴的各类首饰应做到同色同质，以免给人以杂乱无章的感觉。

2. 饰品的佩戴规范

（1）戒指的佩戴规范

戒指一般戴在左手上，而且最好只戴一枚。戒指戴在不同手指上，具有不同的含义：戴在食指上，表示求爱；戴在中指上，表示正在恋爱之中；戴在无名指上，表示已订婚或结婚；戴在小拇指上，表示自己是一个独身主义者。

（2）项链的佩戴规范

佩戴项链要根据个人特点，如颈部细长者宜戴较细的项链。

（3）耳饰的佩戴规范

1）耳饰有耳环、耳链、耳钉、耳坠等款式，一般仅限女性佩戴。

2）耳饰讲究成对使用。在商务活动或工作中，严禁在一只耳朵上戴多只耳饰。

3）秘书不宜选择夸张、奇异、摇摆晃动时会发出声音的耳饰。

4）耳饰中的耳钉小巧而含蓄，是体现秘书专业形象的最佳选择。

5）佩戴耳饰要与脸型相适宜。例如，圆脸型的人适宜选择链式耳环或耳坠，不宜佩戴又圆又大的耳环；方脸型的人适宜选择小耳环或耳坠，不宜佩戴过于宽大的耳环；长脸型的人适宜选择宽大的耳环，不宜佩戴过长的耳坠。

（4）手镯与手链的佩戴规范

1）手镯一般只戴一只，通常戴在左手腕。如果同时戴两只手镯，则手镯必须是一对的，且分别戴在左右手腕。

2）佩戴手链，宜单不宜双，应戴在左手腕上，手链不能与手镯同时佩戴。

3）手镯或手链与手表不可同时佩戴。

第三节　秘书仪态礼仪

仪态是指人的姿势和风度。姿势是指身体呈现的样子，风度是指气质的表露。“站有站相，坐有坐相”“站如松，坐如钟，走如风，卧如弓”是我国传统礼仪对仪态的基本要求。秘书的仪态礼仪主要包括表情、站姿、坐姿、走姿、蹲姿和手势等方面具体的规范和要求。

一、表情

表情是指通过眼部肌肉、颜面肌肉和口部肌肉的变化表现的各种情绪状态，是一种十分重要的非语言交往手段。秘书在工作中应用好表情中的目光和微笑。

1. 目光

人与人之间进行交流时，目光的交流总是处于最重要的地位。交流过程中，双方会不断地运用目光表达自己的意愿和情感。诚恳、坦然、友好的目光，让人产生亲切、信任、被尊敬的感觉，而游离、轻蔑的眼神，让人产生被轻视、被侮辱的感觉。秘书在工作中不仅要正确运用目光，还要学会读懂交流对象目光的含义。

（1）目光的注视时间

在与人交往时，注视对方时间长短不同所表达的含义也不同。交往对象会根据被注视的时间感知和判断对方的态度。通常情况下，注视时间与态度的关系见表 1–8。

表 1–8　注视时间与态度的关系

注视时间	态度
注视对方的时间约占全部相处时间的 1/3	表示友好
注视对方的时间约占全部相处时间的 2/3	表示重视
注视对方的时间占全部相处时间的 2/3 以上	表示有浓厚的兴趣

（2）目光的注视角度

在与人交往时，注视对方目光的角度不同，所表达的含义也不同。平视表示理性、平等、自信、坦率，适用于面对身份、地位与自己平等的人；仰视表示尊敬与期待，适用于面对尊者；俯视表示对晚辈的爱护、宽容，或对他人的轻蔑、歧视。秘书应根据与交往对象的亲疏远近，选择合适的目光注视角度。

（3）目光的注视部位

在与人交往时，目光所到之处就是注视的部位。一般情况下，与他人相处时，不要注视对方的头顶、手部、大腿与脚部。对异性而言，通常不应注视其肩部以下，尤其不应注视其胸部及胸部以下的任何部位。

注视的部位不同，所表达的含义也不同。注视的部位及所代表的含义见表 1–9。

表 1-9　注视的部位及所代表的含义

类型	注视的部位	表达的含义	适用范围
关注型注视	对方双眼	聚精会神、一心一意、重视对方	交谈
公务型注视	额头	严肃、认真	洽谈、磋商、谈判
社交型注视	双眼至唇心	礼貌、自然	茶话会、朋友聚会、舞会
亲密型注视	双眼至胸部	亲近、友善	亲人、恋人、家庭成员之间

（4）目光交流禁忌

人际交往中，目光交流应注意六忌：一忌眼神冷漠、傲慢、轻视、鄙视；二忌眼神游离、散漫、左顾右盼、挤眉弄眼；三忌长时间盯视对方，尤其是异性；四忌上下打量；五忌眼神咄咄逼人；六忌眼神暧昧、猥琐、闪烁不定。

2. 微笑

微笑是一种无声的语言，在人际交往中起着很微妙的作用。可以说，微笑是自我推荐的润滑剂，是礼貌之花、友谊之桥。

（1）微笑的内涵

微笑是一种内心愉悦的情感表达方式，是自信的象征。

（2）微笑的要求

1）笑容要真诚、自然。真正的微笑应发自内心，真实而诚恳，虚伪和牵强的笑容会令人感到别扭和反感。

2）笑容要适度、得体。适度、得体的笑容是指要笑得有分寸、含而不露，且当笑则笑，如果在特别严肃的场合，则不宜微笑。

3）微笑要甜美。自然、得体、甜美的微笑能让人展现出一定的亲和力。

（3）微笑的训练方法（见表 1-10）

表 1-10　微笑的训练方法

训练方法	训练要求
对镜训练法	面对镜子，双唇轻闭，使嘴角微微翘起，面部肌肉舒展开来
口型对照法	通过一些发音口型的练习，如“一”“茄子”“田七”等，找到适合自己的最美的微笑状态
他人诱导法	朋友之间互相通过一些有趣的笑料、动作引起对方发笑
情绪回忆法	回忆美好的往事，想象自己将要经历的趣事引发笑意

二、站姿

站姿是人类其他体姿语言的基础，秘书在日常工作中应时刻注意自己的站姿。

1. 站姿的类型及要求

常见站姿及其具体要求见表 1-11。

表 1-11 常见站姿及其具体要求

站姿	示意图	具体要求	备注
基本站姿		立腰挺胸，挺直背脊。双肩平齐，放松下沉。双臂自然下垂，虎口向前，手指自然弯曲。双腿直立，双膝并拢。收腹提臀，髋部上提。双脚脚跟相靠，脚尖分开，角度为 45°～60°，身体重心落在双脚间的中心位置上	此站姿男女均适用
腹手式站姿		双手在腹前交叉，右手搭在左手上，左手贴于腹部。女士可以用小丁字步；男士则可以双脚分开平行站立，但双脚之间的距离不得超过肩宽	● 端庄、郑重，但又不失自然与放松 ● 在站立中身体重心可在双脚间转换，以减轻疲劳
背手式站姿		双手在身后交叉，右手贴在左手上，左手贴在腰间。双脚可分可并。分开时，双脚之间的距离不得超过肩宽，挺胸立腰，下颌微收，双目平视	● 美中略带威严，易产生距离感 ● 如果双脚改为并立，则体现出对对方的尊重 ● 此站姿适用于男士

续表

站姿	示意图	具体要求	备注
单背手式站姿		以基本站姿为基础，站成右丁字步时右手背后、左手下垂，呈右背手式站姿。相反，则为左背手式站姿	此站姿适用于伸手示意或迎宾
单臂前曲式站姿		以基本站姿为基础，站成左丁字步时右手臂肘关节弯曲，前臂抬至横膈膜处，右手手心向里，手指自然弯曲，左手下垂，呈右臂前曲式站姿。相反，则为左臂前曲式站姿	此站姿适用于手持物品站立

2. 站姿的训练方法

（1）背靠墙

靠墙站立，将后脑勺、双肩、臀部、小腿肚及脚跟与墙壁靠紧，每次持续一定的时间。

（2）背靠背

两人一组，背靠背站立，相互将后脑勺、肩部、臀部、小腿肚及脚跟靠紧，并在两人的肩部、小腿等相靠处各放一张卡片，确保卡片不掉下来。

（3）头顶书本

颈部自然挺直，下颌向内收，上身挺直，目光平视，面带微笑，把书本平放在头顶中心，确保书本不要掉下来，头、躯干保持自然平稳。

（4）对镜训练

面对镜子，检查自己的站姿及整体形象，发现问题及时纠正。

3. 站姿的禁忌

站姿应注意五忌：一忌在正式场合将双手插在裤袋里；二忌将双臂交叉抱在胸前；三忌歪斜靠；四忌频繁变动体位；五忌下意识地做小动作。

三、坐姿

坐姿是指人在就座以后身体所保持的一种姿势。优雅的坐姿有文雅、庄重、自然、大方的美感。

1. 入座、离座的基本要领

（1）入座时，动作要轻稳，一般从右侧进、左侧出。

（2）就座时，走到座位前，转身后，右脚向后退半步，轻稳坐下。女士穿着裙子落座时要将裙子后片用手向前拢一下，并将双脚并拢。

（3）离座时，动作要自然稳当，右脚向后收半步，然后起立。

2. 坐姿的类型及要求

常见坐姿及其具体要求见表 1–12。

表 1–12　常见坐姿及其具体要求

坐姿	示意图	具体要求	备注
基本坐姿		头正，颈直，下颌微收，双目平视前方或注视对方。身体正直，挺胸收腹，腰背挺直。双腿并拢，小腿与地面垂直，双膝和双脚脚跟并拢。双肩放松下沉，双臂自然弯曲内收，双手呈握指式，右手在上，手指自然弯曲，放于大腿上	此坐姿男女均适用
开膝合手式坐姿		以基本坐姿为基础，双脚向外平移，两脚间距离不得超过肩宽，小腿与地面垂直，双膝分开，双手合握于腹前	此坐姿适用于男士

续表

坐姿	示意图	具体要求	备注
前伸式坐姿		以基本坐姿为基础，女士左脚向前伸出，全脚着地，小腿与地面的夹角不得小于 45°，右脚跟上，右脚内侧脚弓部靠于左脚脚跟处，全脚着地，脚尖不可上翘。男士双脚前伸并拢，小腿与地面的夹角不得小于 45°	运用此坐姿时注意男女有别
双腿左斜放式坐姿		以基本坐姿为基础，左脚向左平移一步，左脚脚掌内侧着地，右脚左移，右脚内侧中部靠于左脚脚跟处，右脚脚掌着地，脚跟提起，双腿靠拢斜放，呈双腿左斜放式坐姿。相反，则为双腿右斜放式坐姿。双膝在整个过程中始终相靠	此坐姿适用于女士
双脚后点地式坐姿		以基本坐姿为基础，双脚后收，脚掌着地，脚跟相靠，双腿并拢	此坐姿适用于座椅下方有空间的场合
开并式坐姿		以基本坐姿为基础，两脚外移分开，两脚间分开的距离不得超过肩宽，两脚尖稍向外，两膝并拢，双腿呈下开上并的姿态	此坐姿适用于坐在低矮的凳椅上

续表

坐姿	示意图	具体要求	备注
曲伸式坐姿		以基本坐姿为基础，右脚后收，脚掌着地，右腿呈后曲状。左脚前伸，全脚着地，左腿呈前伸状，膝部靠拢，两脚前后在一条直线上	此坐姿适用于女士

3. 坐姿的禁忌

（1）忌入座后前倾后仰、歪歪扭扭。

（2）忌双腿过于叉开，跷二郎腿或前伸过多。

（3）忌不停抖腿。

（4）忌将大腿并拢，小腿大幅度分开。

（5）忌把手放于臀部下面或两腿中间。

（6）忌坐下后随意挪动椅子。

（7）忌把脚架在椅子、沙发扶手或茶几上。

（8）忌脚跟着地，脚尖离地。

（9）忌就座和离座时动作过猛。

四、走姿

1. 走姿的基本要求

（1）双眼平视前方，抬头含颌。

（2）上体正直，收腹，挺胸，直腰。

（3）双肩平稳，防止水平或前后摇晃。

（4）双臂前后自然摆动，摆幅为 30°～40°，手指自然弯曲，在摆动中离开双腿不超过一拳的距离。

（5）男士两脚走两条平行线，女士两脚走一条直线。

（6）行走中两脚落地的距离大约为一个脚长。

2. 不同场合的走姿规范

（1）迎面相遇

在行走的过程中，如果客人迎面走来，应放慢脚步，以示礼让。与客人距离约两米时，应注视对方，面带微笑，轻轻点头致意。与客人擦肩而过时，应将头部和上身侧向对方，并礼貌问好。

（2）陪同引导

引领客人时，应走在客人的左前方约一米的位置。请客人开始行进时，应向客人行欠身礼；行进途中，如果与客人进行交流，头部和上身应侧向对方。如果需要并行，则应遵循“以右为尊”的原则，走在客人的左侧，并与其行进速度保持一致。遇拐角、楼梯、昏暗之处或不平的道路时，要及时提醒对方加以留意。

（3）上下楼梯

上下楼梯时，应遵循客人“右上右下”的原则。上楼梯时，客人行在前；下楼梯时，客人行在后。

（4）进出电梯

进出电梯时，请客人先进先出，应站在电梯门口，礼让客人并顺势做出“请”的动作。

（5）出入房门

引领客人出入房门时要先通报，以反手开关门，并面向客人。

3. 走姿的禁忌

（1）忌方向不定、忽左忽右。

（2）忌体位失当、摇头晃肩、扭臀摆胯。

（3）忌“外八字”“内八字”的走姿。

（4）与他人同行时，忌勾肩搭背、奔跑蹦跳。

（5）忌双手反背于背后或插入裤袋。

（6）忌步幅过大或过小。

（7）忌脚步过重、走路声音过响。

（8）忌与他人抢道或阻挡他人前进。

五、蹲姿

在公共场合，当弯腰至 45° 以下时，应采用蹲姿以保持较好的礼仪姿态。特别是女性在公共场合拿取低处的物品或捡拾落地的物品时，采用正确的蹲姿，可避免撅起臀部等不雅姿势。

1. 蹲姿的类型及要求

常见蹲姿及其具体要求见表 1–13。

表 1–13　常见蹲姿及其具体要求

蹲姿	示意图	具体要求	备注
高低式蹲姿		下蹲后，左脚在前，右脚在后。左脚完全着地，左腿小腿基本垂直地面；右脚脚掌着地，脚跟提起。右膝低于左膝，右膝内侧可靠于左腿小腿的内侧，形成左膝高右膝低的姿态。臀部向下，基本以右腿支撑身体	此蹲姿男女均适用，但男士双腿之间可有适当的距离，女士应注意并拢双腿
交叉式蹲姿		下蹲后，左脚在前，右脚在后。左脚全脚着地，左腿小腿垂直于地面。左腿在上，右腿在下，二者交叉重叠，右膝从下方伸向左前侧，右脚脚掌着地，右脚脚跟抬起。两腿前后靠近，合力支撑身体。上身略向前倾，臀部向下	此蹲姿适用于穿裙装的女士

2. 蹲姿的注意事项

（1）下蹲拾物时，应自然、得体、大方，不遮遮掩掩。

（2）下蹲时，双腿应合力支撑身体，避免摔倒。

（3）女士无论采用哪种蹲姿，都要将双腿靠紧，臀部向下。

（4）在下蹲时，应与他人保持一定的距离；与他人同时下蹲时，要注意保持双方之间的距离，以防撞头。

3. 蹲姿的禁忌

（1）下蹲时，忌内衣外透、外露。

（2）在行进中需要下蹲时，忌速度过快或突然下蹲。

六、手势

手势是人际沟通时不可缺少的体态语，秘书在工作与人际交往中，应适当地运用手势辅助语言传情达意。

1. 手势的类型及要求

常用手势及其具体要求见表 1-14。

表 1-14　　常见手势及其具体要求

手势	示意图	具体要求	备注
直臂式手势		右臂自然伸出，左手背后，切记不可高于腰部，身体侧向客人，目光注视右手指引方向或客人脚前十厘米左右，同时使用礼貌用语	此手势适用于远距离指引
横摆式手势		右臂自然伸出，以肘部为轴，小臂轻缓地向一旁边摆出，与腰部呈 45°，左手在体侧下垂或背于身后，面带微笑，目视客人，同时使用礼貌用语	此手势适用于近距离指引
双臂横摆式手势		双手从身体两侧抬起，双手高于腰部，掌心向上，两肘微曲，向两侧伸出，上身稍前倾，微笑施礼，同时使用礼貌用语	此手势适用于招待较多客人时

2. 手势的注意事项

（1）五指伸直并拢，注意将拇指并严。

（2）掌心向斜上方，手心不要内凹。

（3）腕关节伸直，手与小臂形成直线。

3. 手势的禁忌

（1）与对方交谈时，忌手势过多、动作过大、手舞足蹈。

（2）谈到自己时，忌用拇指指着自己的鼻尖，而应用右手手掌轻按自己的左胸示意。

（3）忌用单个手指指点他人。

思考与练习

一、简答题

1. 简述秘书的基本仪容礼仪要求。

2. 简述女秘书穿着套裙的礼仪要求。

3. 简述男秘书穿着西装的礼仪要求。

4. 简述与人交流时应注意的目光礼仪。

5. 分别阐述站姿、坐姿、走姿、蹲姿和手势的基本要求与禁忌。

二、实践题

全班同学根据所学的知识，并结合自身的特点，以秘书岗位为准，设计自己的整体形象，并依次展示设计的效果，请老师和同学一起点评并给出建议，最后评出最佳形象奖。

三、案例分析题

请代我向你的先生问好

小李毕业初应聘到某公司做秘书。她平时喜欢将戒指戴在无名指上。一次在接待客人时，上司让她陪同一位女客户。临分别时，该客户对小李热情和周到的服务非常满意，于是留下名片，并认真地说："谢谢！欢迎你以后来我公司做客，请代我向你的先生问好。”听到客户的话，小李愣住了，因为她还没有结婚。

问题：

1. 你认为小李让女客户产生误解的原因是什么?

2. 你还知道其他的戒指语吗?

3. 在这个案例中，你得到了哪些启示?

part

02

第二章 | 秘书交往礼仪

学习目标

- 掌握秘书会见礼仪的基本要求
- 掌握秘书宴请礼仪的基本要求
- 掌握秘书馈赠礼仪的基本要求与禁忌

秘书作为上司的助手，在工作中经常需要协助上司处理迎来送往及人际交往的事务，为此秘书应熟悉和掌握相关交往礼仪的知识。

案例引导

某城市举行春季商品交易会，多家企业参会，一时间企业家们济济一堂。A公司的李总经理在交易会上听说B集团的崔董事长也来了，就想利用这个机会认识这位素未谋面的商界名人。午餐宴会上，李总经理终于见到了崔董事长，于是他彬彬有礼地走上前去："崔董事长，您好，我是A公司的总经理，我叫李明，这是我的名片。"说着，便把事先准备好的名片双手递送给对方，崔董事长显然还沉浸在之前的谈话中，他顺手接过李总经理的名片，说了句"你好!"草草地看了看，便放在了桌子上，李总经理在一旁等了一会儿，并未见崔董事长有交换名片的意思，便失望地走开了。

想一想：

1. 崔董事长哪里做得不对？

2. 崔董事长正确的做法应该是怎样的？

第一节　会见礼仪

会见礼仪是指秘书在迎来送往中与人见面的礼仪，主要包括握手、介绍、交换名片、接待、送客等相关礼仪规范。

一、握手礼仪

握手是世界通行的一种见面礼节。貌似简单的握手，却蕴涵着复杂的礼仪细节，承载着丰富的交际信息。与成功者握手，表示祝贺；与失败者握手，表示鼓励；与同盟者握手，表示期待；与对立者握手，表示和解；与悲伤者握手，表示慰问；与离别者握手，表示告别。

知识窗

握手礼仪的由来

握手据说最早发生在人类“刀耕火种”的年代。在狩猎和战争时，人们手上经常拿着石块或棍棒等武器，当遇见陌生人时，如果大家都无恶意，就要放下手中的武器，并摊开手掌，让对方抚摩自己的掌心，表示没有藏武器。这种习惯逐渐演变成为今天的握手。

1. 握手的要求

握手时，与对方保持半米至一米的距离，面带微笑，目光注视对方，上身稍向前倾，双脚并立，伸出右手，四指并拢，与对方虎口相交，拇指张开下滑握住对方的手。

握手的力度要适当，过重过轻都不合适。男士与男士握手，可稍微用力些；与女士握手，则要轻些，且不可握满女士的手掌，只握手指部分即可。

握手的时间一般要控制在三至五秒以内。一般与对方相握后，上下（而不是左右）晃动两三下即可。如果要表示自己的诚意，可适当延长握手的时间。

与男士握手

与女士握手

交流区

根据所学内容，请归纳总结与女士握手和与男士握手在要求上的区别，并填入表 2-1。

表 2-1　与女士握手和与男士握手在要求上的区别

与女士握手的要求	与男士握手的要求

2. 握手的顺序

握手顺序应遵循“尊者在先”的原则。即男士与女士握手时，女士先伸手；长辈与晚辈握手时，长辈先伸手；上级与下级握手时，上级先伸手；迎客时，主人先伸手；送客时，则由客人先伸手。

与多人握手应遵循“先尊后卑”的原则，即先年长者后年幼者，先女士后男士，先已婚者后未婚者，先上级后下级。

3. 握手的禁忌

（1）忌用左手握手，尤其是忌用左手与阿拉伯人、印度人握手。

（2）忌交叉式握手，要避免两人握手时与另外两人相握的手形成交叉。

（3）忌戴着手套或太阳镜与他人握手，只有女士在社交场合才可戴着薄纱手套与人握手。

（4）忌死鱼式握手，即握手时不与对方互动，只是将右手伸给对方，任对方摇动。

（5）忌蜻蜓点水式握手，即握手的时间过短，手一触及对方的手就收回。

（6）忌握手时间过久，特别注意不要拉住异性或初次见面者的手不放。

（7）忌坐着与他人握手。

（8）忌用脏手或湿手与他人握手。

（9）忌拒绝与他人握手，如果因手疾、汗湿或手脏等原因不可与他人握手时，要和对方说一句“对不起，现在不方便握手”，以免造成不必要的误会。

二、介绍礼仪

介绍是指通过一定的方式使双方相互结识，并对对方有一定程度的了解。通常，介绍可分为自我介绍和介绍他人两种情况。

1. 自我介绍的礼仪

自我介绍一般是指主动向他人介绍自己，也可指应他人的请求而对自己的情况进行一定程度的介绍。它的特点是单向性和不对称性。秘书在自我介绍时，应注意以下两个礼仪问题。

（1）自我介绍的时间

一是进行自我介绍时，为引起对方关注，要选择双方方便的时间进行。二是进行自我介绍时，一定要把握好所用时间的长短。自我介绍的时间宁短勿长，最好控制在半分钟至一分钟之内。

（2）自我介绍的内容

自我介绍可分为应酬型自我介绍与公务型自我介绍两种形式。其中应酬型自我介绍的内容仅包括本人姓名，公务型自我介绍的内容则包括本人的姓名、工作单位、所属部门和具体职务等。

2. 介绍他人的礼仪

介绍他人一般是指由某人为素不相识的双方相互介绍、引见。它的特点是双向性和对称性。被介绍双方态度都应谦和、友好、不卑不亢，切忌傲慢无礼或畏畏缩缩。秘书在介绍他人时，应注意以下几个方面的礼仪问题。

（1）介绍他人的姿势

介绍手势是手掌向上，五指并拢，指向被介绍者的方向，不能用手指指点对方。

（2）介绍他人的顺序

介绍他人时，应遵循“尊者有优先了解权”的原则，先介绍身份较低的一方，然后再介绍身份较高的一方。具体为：先介绍主人，后介绍客人；先介绍职务低者，后介绍职务高者；先介绍男士，后介绍女士；先介绍晚辈，后介绍长辈；先介绍个人，后介绍集体。如果介绍对象双方的年龄、职务相当，对于异性，就要遵从“女士优先”的原则，即把男士先介绍给女士；对于同性，可以根据实际情况灵活掌握，如把和自己熟悉的人先介绍给和自己不熟悉的人。介绍多人时，可按职务的高低依次介绍，也可以按从左到右或从右到左的顺序进行介绍。

（3）介绍他人的表达方式

介绍他人相识时，介绍者既可以只介绍双方的姓名，也可以将双方的姓名、工作单位、所属部门和具体职务一并予以介绍。后者是比较正规的介绍方式。不论如何进行介绍，介绍双方的内容应基本对称。切勿只介绍一方，而忘记介绍另一方；或在介绍一方时非常详细，而在介绍另一方时则过于简单。

（4）被介绍者的礼仪

作为被介绍者，在被介绍时应起立、微笑或握手、点头。

三、名片礼仪

名片的交换是名片礼仪中的核心内容。如何交换名片，往往是个人修养的反映，也是尊重对方与否的直接体现。因此，秘书在交换名片时务必要遵守一定的规则。

1. 递送名片礼仪

在递送名片时，要注意以下几个要点。

（1）观察意愿

除非自己想主动与人结识，否则名片只有在交往双方均有结识对方的意愿并希望建立联系的前提下递送。

（2）把握时机

递送名片要掌握适当的时机，只有在确有必要时递送名片，才会使名片发挥功效。递送名片一般应选择初识之际或分别之时，不宜过早或过迟。不要在用餐、观剧、跳舞等休闲活动时递送名片，也不要在大庭广众之下向多位陌生人递送名片。

（3）讲究顺序

双方交换名片时，遵循“位低者先递送”的原则，顺序一般是主人先，客人后；身份低者先，身份高者后。在多人之间递送名片时，应由近及远，按顺时针或逆时针方向依次递送，切勿跳跃式地进行，更不可遗漏任何人，以免令人产生厚此薄彼之感。

（4）先打招呼

递送名片前，应先和接受名片者打招呼，让对方有所准备，如可以先向对方做一下自我介绍，也可以说声“对不起，请稍候”“可否交换一下名片”之类的提示语。

（5）表现谦恭

递送名片时，应郑重其事，要起身站立主动走向对方，用目光注视对方，不紧不慢地将名片递送过去，同时说一声“这是我的名片，请多多指教”等礼节性用语。名片的递送方式是双手手指并拢，拇指与食指轻夹名片的下方，将名片的文字阅读方向朝向对方，然后递送给对方。递送名片的整个过程应谦逊有礼、大方得体。

2. 接受名片礼仪

接受他人名片时，主要应做好以下几点。

（1）态度谦和

当他人主动将名片递送给自己时，一定要表现出恭敬、重视之意。接受他人名片时，不论多忙，都要暂停手中的一切事情，面带微笑，起身站立相迎，用双手或右手接过名片。

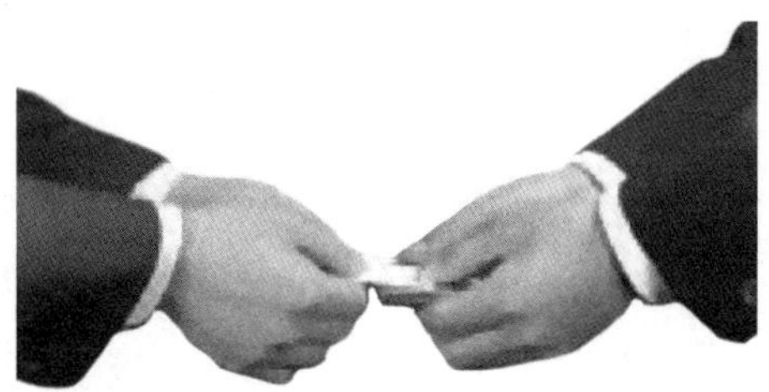

（2）认真阅读

接过对方的名片后，应先向对方致谢，并认真阅读名片。

（3）精心存放

接到他人名片后，切勿乱丢乱放，而应当着对方的面将名片谨慎地收存起来，并且应与自己的名片分开放置。

（4）有来有往

接受了他人的名片后，应回递自己的名片。不回递名片是非常失礼的。自己没有名片、名片用完了或者忘记带名片时，应向对方做出合理解释并致以歉意，或以手写相关信息的方式补偿。

3. 索要名片礼仪

按照惯例，一般不宜直接开口向他人索要名片。但如果想主动结识对方或者有必要索取对方名片时，可选择合适的时机采取以下办法。

（1）互换法

互换法即以名片换名片。在主动递送自己的名片后，对方通常会回递名片。如果担心对方不回递，可在递送名片时言明此意：“能否有幸与您交换一下名片?”

（2）暗示法

暗示法即用含蓄的语言暗示对方。例如，向长辈索要名片时可以说：“请问今后如何向您请教?”向平辈或晚辈索要名片时可以说：“请问今后怎样与您（你）联络?”

面对他人的索取，不应直接拒绝。如确有必要这么做，则需要注意分寸，最好委婉地向对方表明身边没有名片，无法与对方交换。但如果自己手里正拿着名片或刚与他人交换过名片，则不宜当场拒绝。

交流区

将三名同学分成一组，每组均应有男有女，由教师指定情景，综合练习介绍、交换名片和握手的礼仪。

四、接待礼仪

对秘书而言，接待访客是一项很重要的工作，其在接待访客的过程中应遵循以下相关礼仪规范。

1. 引领客人的礼仪

引领客人到接待室时，秘书应走在客人的左前方，距离其两至三步，行走过程中，应不时地回头招呼客人。遇拐弯处，应伸手向客人示意，上下电梯或楼梯均应遵循相关礼仪。到接待室门口时，应先敲门。如果门是向外开的，就要打开门后请客人先进去；如果门是向里开的，可以在打开门后自己先进去，扶住门把手，请客人进来。如果是冬天或下雨天，要主动将客人的大衣、帽子或雨伞接过来并挂在衣架上或放置在合适的位置。

2. 安排座次的礼仪

接待室的座位也有上座与下座之分，其座次安排礼仪见表 2-2。

表 2-2 接待室的座次安排礼仪

形式	座次安排
面门为尊	宾主双方相对就座时，面对房门的座位为来宾座，背对房门的座位为主人座
以右为尊	宾主双方面对正门并排就座时，右侧为来宾座，左侧为主人座
居中为尊	如果来宾较少，而主人一方参与接待的人较多时，来宾居中而坐，主人一方的人员以一定的方式围坐在来宾的两侧或四周
以远为尊	宾主双方并排就座，但未面对房间的正门，而是居于室内左右两侧之中的某一侧，此时离房门远者为来宾座，离房门近者为主人座
佳座为尊	长沙发优于单人沙发，沙发优于椅子，椅子优于凳子，较高的座椅优于较低的座椅，宽大而舒适的座椅优于狭小而不舒适的座椅

3. 敬茶的礼仪

秘书为客人敬茶时，应注意以下的礼仪规范。

（1）茶杯要清洁，不可有裂痕或污渍；茶叶质量要好，茶水保持七分满。

（2）送茶先从客人开始（即使客人的地位比自己的上司低），再送给己方的人员。

（3）茶杯一般应放在客人的右手边。

（4）给客人添茶时，应先撤冷茶再上热茶。

知识窗

在退出接待室时，要轻轻地把门关上，出门后应轻声慢步，因为会谈时人们对室外的脚步声会非常敏感。另外，关接待室的门时，一定要用目光“询问”一下在座的客人，看他们是否还有其他需要。

4. 寒暄的礼仪

客人到达之后，如果上司不能马上接待，秘书除了给客人敬茶、提供报纸杂志以外，还可以陪同客人简短聊天。闲聊时应尽量避免谈论会造成双方对立或让对方感觉不适的话题。

5. 介绍的礼仪

如果上司与客人是初次见面，秘书应负责为双方进行介绍，介绍时应遵循介绍他人的礼仪规范。

6. 乘车的礼仪

秘书在陪同客人和上司乘车时，应注意以下与乘车有关的礼仪。

（1）提前订车

应提前预订和安排好所用车辆，不要等客人到后才匆忙预订或联系，防止因让客人久等而误事。

（2）安排座次

目前在国内商务接待车辆中，最为常见的是双排五座轿车，其座次的安排应视驾驶者的身份而定。如果由专职司机驾驶，其座次高低依次为后排右座、后排左座、后排中座、前排副驾驶座，此时副驾驶座为秘书座；而由上司驾驶时，其座次高低依次为前排副驾驶座、后排右座、后排左座、后排中座。秘书在接待一至三位客人时的轿车座次安排见表 2–3。

表 2–3　　轿车座次安排

客人数量	座次安排
由专职司机驾驶，迎接一位客人时的座次安排	司机　秘书 上司　客人
由专职司机驾驶，迎接两位客人时的座次安排	司机　秘书 客人乙　上司　客人甲
由上司驾驶，迎接三位客人时的座次安排	上司　客人甲 客人丙　秘书　客人乙

注：客人身份高低的排列顺序为甲、乙、丙。

（3）主动为客人开关车门

上下车时，秘书应主动为客人开关车门。如果是女士或职位较高、年纪较大的客人，秘书为客人开关车门时应一只手拉开车门，另一只手掌心向下抵住车门框上沿，以免客人出入轿车时头部碰触车门框。

五、送客礼仪

上司与客人的会谈结束后，秘书要代上司送客。普通客人送至电梯门口或楼梯，重要客人送至大门口，如遇年龄大或行动不便的客人要小心搀扶并陪送出去。送客时要目送客人消失在视线后方可离开。

第二节　宴请礼仪

宴请是政府机关、社会团体、企事业单位或个人出于表示欢迎、答谢、祝贺等社交目的的需要以及庆贺重大节日而举办的一种隆重、正式的餐饮活动。它具有聚餐式、规格化、社交化和礼仪性四大特征。

一、宴请的形式

举办宴会首先应根据设宴的目的、宴请的对象选择恰当的宴请形式。

国际上通用的宴请形式有宴会、招待会、茶会、工作餐等。每种形式的宴请对餐具、酒水、菜肴道数、陈设、出席人数、时间、经费、座位安排、出席者服饰等细节方面均有不同的要求。

1. 宴会

宴会是最受重视、最隆重的宴请。按其隆重程度、出席规格，可分为国宴、正式宴会和便宴、家宴（见表 2-4）；按其性质，可分为节庆宴、答谢宴和欢迎宴；按其餐别，可分为中餐宴会、西餐宴会和中西合餐宴会；按其举办时间，又可分为午宴和晚宴，一般来说晚宴较午宴更为正式、隆重。

表 2-4　　宴会的性质和特点

形式	性质	特点
国宴	国家元首或政府首脑为招待国宾、其他贵宾或在重要节日为招待各界人士而举行的正式宴会，是规格最高、最隆重的一种宴请形式	● 一般由国家元首或政府首脑主持，宴会厅内悬挂与宴国宾国家的国旗，宾主均按预先排定的席次入座 ● 席间，要演奏国歌和席间乐，宾主双方致正式的祝酒词 ● 格调典雅、庄重，与宴者必须着正装 ● 国宴持续的时间通常不超过一个半小时
正式宴会	规格仅次于国宴的宴会，除了不挂国旗、不奏国歌以及出席人员级别不同以外，其余的安排与国宴大体相同	● 宾主按预先排定的席次入座 ● 席间，要演奏席间乐，宾主致正式的祝酒词 ● 对与宴者的服饰有严格的要求，通常会在请柬上注明

续表

形式	性质	特点
便宴	多用于招待亲朋好友，是一种非正式宴会	● 常见的有午宴、晚宴，有时候也举行早宴 ● 一般不排席次，简便、灵活，不拘严格的礼仪 ● 不设正式讲话，只有简短的祝酒词，菜肴道数可丰可俭 ● 气氛轻松、亲切
家宴	即在家中设宴招待客人，属于便宴的一种	● 主妇亲自下厨，家人共同招待，富有人情味 ● 西方人喜欢采用这种形式

2. 招待会

招待会是指各种不配备正餐的宴请形式，灵活简便、经济实惠。招待会备有食物和酒水，通常不排固定的席次，与宴者可以自由活动。常见的招待会有冷餐会与酒会两种形式，它们的性质和特点见表 2-5。

表 2-5　招待会的性质和特点

形式	性质	特点
冷餐会	又称自助餐宴会，不排席次，菜肴以冷食为主，以热菜为辅，连同餐具一同陈设在桌上，供客人自取	● 除了桌上摆有桌签的宾主须按座次入座以外，其他的客人均可自由走动、敬酒，也可多次取食 ● 酒水可由服务员端送，也可摆放在桌上由客人自取 ● 地点既可选择在室内，也可选择在室外。既可设桌椅，自由入座；也可不设桌椅，站立进餐 ● 冷餐会规格及隆重程度可高可低，举办的时间一般在 12：00—14：00 或 17：00—19：00，适用于赴宴者众多的宴请
酒会	又称鸡尾酒会，形式较为活泼，便于出席者广泛接触交谈	● 其特点是不设座椅，仅置小桌或茶几，便于出席者走动 ● 举行时间为中午、下午或晚上 ● 招待品以酒水为主，以小吃、茶点为辅。提供的酒水除鸡尾酒外，还配以各种果汁，但不提供或少量提供烈性酒。小吃多为三明治、面包、小香肠、炸春卷等，客人需使用专用的餐具取食 ● 饮料与食品可由服务员端送，也可摆放在桌上由客人自取 ● 请柬上往往注明整个酒会持续的时间，赴宴者可以随时到达或离席；如果请柬上没有注明结束的时间，一般按两个小时左右掌握

3. 茶会

茶会是一种简单的招待形式，一般在16：00举行，也可在10：00举行，通常持续时间不超过两个小时。茶会通常设在客厅、会议室内，厅内摆茶几、座椅。其特点是不上酒品，以茶水或咖啡为主，可以略备地方风味小吃和点心。茶会一般不排席次。如果是为贵宾举行的茶会，在入座时，主人要主动和主宾坐在一起，其他出席者的座位可相对随意。茶会对品茶所需的茶叶、茶具选用十分考究，茶具一般用陶瓷器皿，不能用玻璃器皿，更不能用热水瓶代替茶壶。

4. 工作餐

这是国际商务活动中常用的非正式宴请形式，主客双方利用共同进餐的时间边吃边谈。工作餐按用餐时间可分为工作早餐、工作午餐和工作晚餐。其特点是简便、卫生、快速，以快餐为主，多采用分食的形式。工作餐往往以长桌安排席次，其座位与会谈桌座次安排相仿，以方便宾主双方在进餐过程中交谈。

二、宴会筹备礼仪

1. 确定宴会的目的、对象与形式

明确宴会的目的，根据目的决定宴请的对象，列出邀请客人的名单，并确定宴请的形式。

知识窗

宴请对象

宴请的对象是指宴会应邀请哪些人出席，以及参加人数。确定宴请对象时，应注意以下几个问题。

1. 确定宴请对象的总原则是在照顾各方关系的前提下，尽量控制范围，减少人数。

2. 多边活动时，宴请的范围还应考虑政治因素、政治关系等。

3. 宾主赴宴的总人数以偶数为宜。

2. 确定宴会的规格

宴会规格是宴会礼仪的重要体现，规格过低，会显得失礼；规格过高，则无必要。宴请者应根据宴会最高身份的出席者、人数、目的及自身情况来确定宴会的规格。

3. 确定宴会的时间和地点

根据宴请的目的和主宾的情况，确定宴会的时间和地点。

确定宴会的时间时，应遵循主随客便的原则。尽量避开对方工作繁忙时间、节假日和对方的禁忌日，通常宴会应安排在 18：00—20：00。

确定宴会的地点时，应注意的问题有：一是根据客人人数确定宴会地点，宴会的地点必须能容纳所有的赴宴者；二是根据宴会形式确定宴会地点，大型宴会通常可以安排在饭店、宾馆的宴会厅里，冷餐会、酒会则可以安排在饭店、宾馆的多功能厅或花园里；三是用餐环境需幽雅、卫生，如果用餐环境档次过低，环境较差，即使菜肴再有特色，宴会效果也会大打折扣；四是宴会地点要交通便捷，且应具有一定规模的停车场。

4. 发出邀请

当宴会的宴请对象、时间和地点确定后，为方便被邀请的客人有充分的时间安排自己的行程，邀请者应提前一至两周制作和分发请柬。即使是便宴，也应提前用电话准确通知。

5. 确定菜单

菜单是体现宴会规格与档次的重要载体，确定菜单的基本原则是：人少，菜要少而精；人多，菜要精而全。确定菜单时，应注意以下几个问题。

（1）应注意客人的饮食习惯和禁忌，合理搭配。

（2）量力而行，不铺张浪费。

（3）在隆重而正式的宴会上，主人选定的菜单也可以在精心设计打印后，分发给每位用餐者，让用餐者不但餐前心中有数，餐后还可以留作纪念。

（4）最好少点凤爪、鸭头之类的菜，以免客人担心吃相不雅观，不吃又不礼貌，这点在宴请女士时要格外注意。

交流区

确定菜单时应考虑的饮食禁忌

请通过网络查阅资料，完成表 2-6 中空白部分内容的填写，并与同学在课堂中进行交流。

表 2–6　　确定菜单时应考虑的饮食禁忌

禁忌	举例
与民族相关的饮食禁忌	
与健康相关的饮食禁忌	
与职业相关的饮食禁忌	
与地区相关的饮食禁忌	

6. 安排桌次

正规的宴会应安排桌次，不同的桌次体现出不同的礼遇规格。中西餐的用餐制度和方式不同，西餐宴会中不存在桌次问题。中餐宴会的桌次安排原则和具体要求见表 2–7。

表 2–7　　中餐宴会的桌次安排原则和具体要求

安排原则	具体要求	示意图
以右为尊	餐桌的排列有左右之分时，面对餐厅（或包厢）正门或面对乐队演出中心的右侧为尊	① ② ↑ 门
以远为尊	餐桌的排列有远近之分时，距离餐厅（或包厢）正门较远者为尊。以离正门远近区分尊卑，主要是因为门口是送菜、撤器等必经之路，所受干扰较多，而“远”则意味着相对安静	① ② ↑ 门
居中为尊	餐桌的排列有左中右之分时，居于中间者为尊。以中为尊，主要是“中”处于醒目的中心位置，且方便联络、交谈	② ① ③ ↑ 门
中远结合，以右、以远为尊	多桌宴会一般以最前面或居中的餐桌为主桌，按照国际惯例，遵循中远结合以右、以远为尊的原则，即其他桌次的高低以离主桌位置远近而定。距离主桌越近，桌次越高；与主桌距离相等时，以面对正门的位置为准，右高左低	① ③ ② ④ ↑ 门

注：数字越小，表示桌次越高。

交流区

根据所学的中餐宴会桌次排列的礼仪知识，标出下图中宴会的桌次。

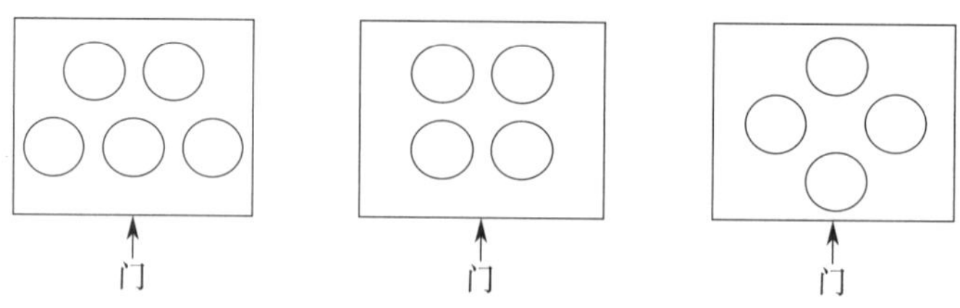

请在下图中列出八桌宴会的三种排列法，并标出桌次。

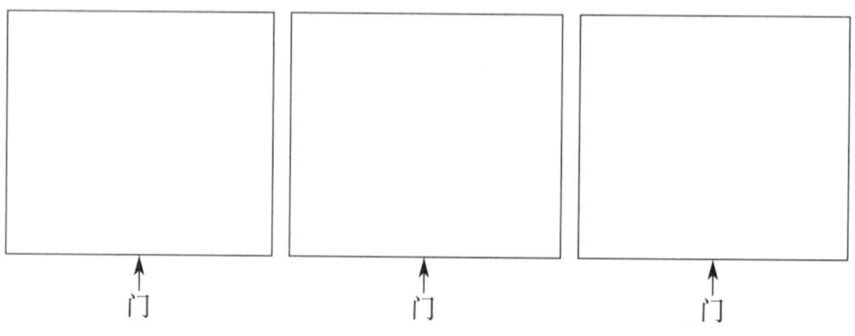

7. 安排席次

正规的宴会还应安排席次，与桌次一样，席次也能体现出来宾的身份与地位。

（1）中餐宴会席次安排

1）席次安排原则。具体包括以下几项。

①面门为主。即通常面对餐厅正门的位置为主位，与主位相对的座位为副主位。商务场合有两位主人时，则应按照职务高低或年龄大小，双方相对而坐。如果主人夫妇共同出席宴会时，则男主人在主位就座，女主人在副主位就座。

②主宾居右。按照国际惯例，主宾应安排在主人的右侧就座。

③好事成双。为了方便席次安排，每桌的人数以偶数为宜，且最好控制在十二人以内。

④各桌相对。主桌之外的其他餐桌上的“主位”，一般均与主桌上的主位相对，以便其他桌的主人观察主桌上主人的活动。

2）席次安排方法。中餐宴会席次的常规安排方法有两种。一种是每张餐桌一个主位的安排方法。每张餐桌上只有一位主人，主宾在其右手就座，形成一个谈话中心。另一种是每张餐桌上有两个主位的安排方法。如果主宾夫妇就座于同一桌，以男主人为第一主人、女主人为第二主人，两位主人相对而坐。主宾和主宾夫人分别坐在男、女主人的右侧，桌上形成两个谈话中心。中餐宴会的席次安排方式见表 2–8。

表 2–8 中餐宴会的席次安排方式

安排方法	示意图	宾客席次
每张餐桌一个主位	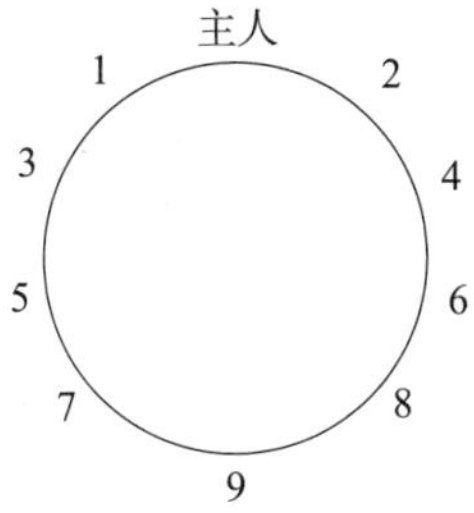 主人 1 2 3 4 5 6 7 8 9	1 为主宾，2 为第二主宾，3～9 为其他客人
每张餐桌两个主位	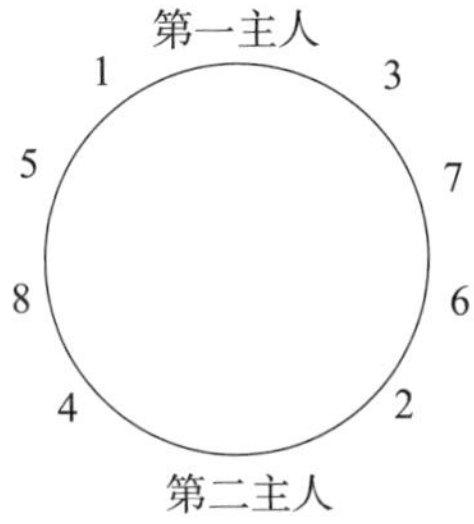 第一主人 1 3 5 7 8 6 4 2 第二主人	1 为主宾，2 为第二主宾，3～8 为其他客人

注：数字越小，表示身份越尊贵。

知识窗

安排中餐宴会席次应考虑的其他因素见表 2–9。

表 2–9 安排中餐宴会席次应考虑的其他因素

考虑因素	注意事项
政治关系	多边宴请活动需要注意客人之间的政治关系，应尽量避免将政见分歧较大、两者关系紧张者安排坐在一起
身份、语言、专业背景	安排座位时，可以尽量将身份大体相同、使用同一种语言者或者属于同一专业背景者安排在一起
根据风俗习惯灵活安排译员的席位	中餐宴会上，译员座位一般安排在主宾右侧。在用长桌作为主宾席时，译员也可以考虑安排在对面，便于交谈。但一些国家忌讳以背向人，译员的座位则不能做此安排。在这些国家，用长桌做主宾席时，主宾席背向群众的一边和下面第一排桌子背向主宾席的座位均不安排坐人。在许多国家，译员不上席，为便于交谈，译员坐在主人和主宾背后

（2）西餐宴会席次安排

1）席次安排原则。具体包括以下几项。

①女士优先。女主人一般为第一主人，男主人为第二主人。

②距离定位。距主位近的位置为尊，距主位远的位置为卑。

③以右为尊。主位右侧的位置为尊，主位左侧的位置为卑。

④面门为尊。面对餐厅正门的位置为尊，背对餐厅正门的位置为卑。

⑤交叉安排。为便于广交朋友，男女席位交叉安排，熟人和生人交叉安排。

2）席次安排方法。西餐宴会席次常见的安排方法有两种：一种是男女主人在长桌的中央相对而坐，餐桌的两端可以坐人，也可以不坐人；另一种是男女主人分别坐在长桌的两端。西餐宴会的席次安排方式见表 2-10。

表 2-10　　西餐宴会的席次安排方式

安排方法	示意图
男女主人在长桌的中央相对而坐	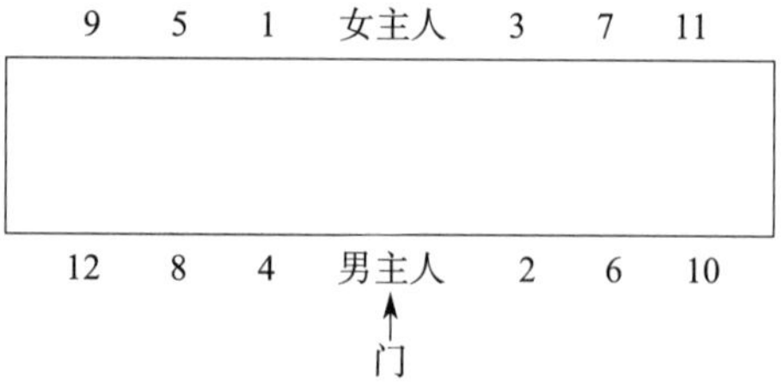 上侧：9　5　1　女主人　3　7　11 下侧：12　8　4　男主人　2　6　10 门
男女主人分别坐在长桌两端	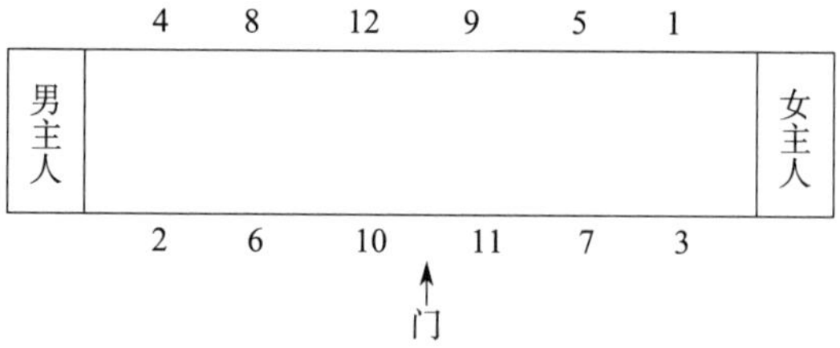 上侧：4　8　12　9　5　1 左端：男主人　右端：女主人 下侧：2　6　10　11　7　3 门

三、开宴礼仪

1. 迎客

秘书应提前到达宴会地点，确保准备工作按时完成，然后站在大厅门口迎接客人。在大部分客人到齐后，秘书仍要留在大厅门口等候未到的客人。

2. 入席

规格较高的宴请，应按客人的身份与地位事先在桌上摆放桌签。入座时，秘书应坐在背对餐厅门口的座位，以方便催菜、和服务员沟通以及结账等。入座时，男秘书还应主动帮助其右侧的女宾拉椅入座。

3. 准备开席

开席应准时，不能因个别客人未到而影响整个宴会的进行。但如果主宾在开席时尚未到达，秘书应尽快催请，并向已经入席的客人说明情况，表示歉意，然后推迟开席。一般情况下，宴会开席延误十至十五分钟是允许的，但如果超过三十分钟，则会影响宴会效果。

4. 致辞敬酒

宴会开始时，一般由主人起身向全体客人敬酒，并致以简短的祝酒词，有时也可请重要嘉宾致辞或即兴发言。在主人向主宾致辞时，其他在场者须停止用餐或饮酒，保持安静。

5. 席间主持

宴会的主人应引导客人愉快交谈，巧妙选择话题使席间充满和谐愉快的气氛。

四、送客礼仪

宴会持续的时间一般为一两个小时，当用完餐后水果后，主人与主宾离席时，即表明宴会结束，进入送客阶段。送客时，秘书应送客至大门口或客人座驾旁。

第三节　赴宴礼仪

赴宴礼仪是指参加宴会的人员在赴宴过程中所表现的良好形象和规范行为。宴会的效果不仅取决于主办者对宴会安排的周密细致程度，而且取决于参加宴会者的修养。

一、赴宴准备

1. 及时回复

宴会的请柬上一般都印有“敬候回音”或“如不光临，请予以回复”的字样。前一种是指被邀请者无论是否赴宴，都要予以回复；后一种则是指被邀请者如不能赴宴才予以回复。按照一般的礼仪要求，回复邀请应在收到请柬后的第一天内作答，太迟会被视为无礼。

接受邀请后，没有特殊情况不能随意缺席，如因特殊情况不能出席，应及时、礼貌地向邀请人解释或道歉。

2. 按时赴约

赴宴时应按照请柬上写明的时间适时到达。所谓适时到达，是指准时或在规定时间前三至五分钟到达。如果提前，不要早于十五分钟以上，而迟到则是非常失礼的。通常身份高者可略迟到达，如主宾宜正点或晚一至两分钟到达。如果因故不能准时赴宴，应提前通知主人，道歉并诚恳说明原因。须避免在同一天内拒绝一个邀请后又接受另一个邀请。

3. 着装得体

赴宴一定要注意着装得体，正式宴会不宜着便装、休闲装或运动装。通常男士应着深色西装，配白色或浅色衬衣，系领带、领结或领花，穿黑色皮鞋；女士应穿礼服或正装，如穿礼服，一般长袖礼服配短手套，而短袖礼服则配长手套，高跟鞋应与礼服相配。

4. 仪容整洁

出席宴会前，一般应梳洗打扮，女士应化妆，男士应理发并剃须。

5. 礼貌入座

抵达宴会地点后，如有需要，先到衣帽间脱下大衣和帽子，然后前往迎宾处，主动向主人问候。如果是庆祝活动，应表示祝贺，对在场的其他人均应点头示意，致以问候。

应邀出席宴会，应听从邀请方安排，进入宴会厅之前先了解自己的席次和座位，不可随意入座。入座后坐姿要端正，不可托腮或将双臂放在桌上；坐时应注意坐姿美观，不可影响他人；不可摆弄桌上的餐具，不要用餐巾纸擦餐具，以免使其他用餐者认为餐具不洁；男宾的邻座如果是长者或女士，应主动帮助他们拉椅入座。

6. 注意交谈

坐定后，无论主人、主宾或普通客人都应与同桌人特别是邻座交谈，不可只与少数熟人交谈。如果不相识，可进行自我介绍，谈话要掌握时机，谈话内容要视交谈对象而定。

二、用餐礼仪

1. 中餐用餐礼仪

（1）菜肴的食用

1）客人入席后，应待主人举杯示意开始后才可以用餐。

2）每道菜肴上桌后应由主宾先取用，然后按顺时针方向由客人依次取菜。

3）取菜要文明，取菜时应从靠近或面对自己的盘子夹起。距离自己较远的菜可以请人帮助，不可起身甚至离座去取。

4）为表示友好、热情，彼此之间可以祝酒、让菜，但不可劝酒和为他人夹菜。

5）对不合口味的菜，勿显露出难堪的表情。如果他人提醒自己吃并不喜欢的菜时，可婉转地回答“我吃不下了”，不能生硬地拒绝。

（2）进餐的风度

1）客人进餐的速度宜与主人同步，不宜太快，也不宜太慢。

2）如果需要为别人斟茶倒酒，要记住“斟茶要浅，倒酒要满”的礼仪规则。

3）如果不慎将酒、水、汤汁溅到他人的衣服上，要立即表示歉意。

4）进餐时要闭嘴咀嚼、细嚼慢咽，不要发出声音，口含食物时不能与别人交谈。

5）如果要咳嗽、打喷嚏，要用纸巾掩住口鼻，并把头向后方转。

知识窗

中餐餐具的使用礼仪

中餐餐具的使用礼仪见表 2-11。

表 2-11　中餐餐具的使用礼仪

餐具	使用礼仪
筷子	一忌半途筷，即夹住一种菜肴后感到不合意，放下去夹另一种；二忌游动筷，即在菜盘中乱挑乱翻；三忌刺筷，即拿筷子当叉子用；四忌泪筷，即让筷子头上的菜汁在持筷途中滴个不停；五忌签筷，即拿筷子剔牙；六忌吮筷，即用嘴吮筷子上的菜汁或食屑；七忌跨筷，即当别人在夹菜时，自己拿筷子跨过别人的筷子去夹菜；八忌窥筷，即手握筷子却感觉无从下手，目光在餐桌上瞄来瞄去，四下“侦察”
勺子	勺子主要用来舀取汤和食物。用勺子取食物时，一次不要过满，汤汁较多时可将勺子在原处停顿片刻。暂时不用勺子时，应将勺子放在自己的食碟上，不能直接放在桌上或立在碗中。用勺子取出的食物不可再倒回盘中
碗	碗可以用来盛饭、盛汤，正式场合用餐时不要端起碗进食
盘子	盘子的主要作用是盛放菜肴。现着重介绍一种用途比较特殊的盘子——食碟。食碟的主要作用是暂存从公用菜盘中取来的菜肴。使用食碟时，一般不要取放过多的菜肴，骨头和鱼刺等不要吐在桌上，而应轻轻取放在食碟的前半部
水杯	水杯主要用来盛放清水、果汁、汽水等，不要用水杯来盛酒，也不要倒扣水杯
牙签	用餐时尽量不要当众剔牙，非剔不可时，要用另一只手掩住口部，剔出来的食物不要再次入口，应手持纸巾捂嘴吐出；剔牙后，不要叼着牙签，更不要用其来扎取食物。另外，牙签也可用来取某些食物，如牙签羊肉、餐后水果等
湿毛巾	湿毛巾主要用来擦手，使用后应放回毛巾托中。湿毛巾不能用来擦脸或抹汗
餐巾	用餐前应先将餐巾打开铺在腿上，用餐完毕叠后放在盘子右侧，不可放在椅子上，也不要叠得方方正正而被误认为没有使用过。餐巾只能用来擦嘴，使用时一手捏住反面的上端，另一手相助

2. 西餐用餐礼仪

（1）菜肴的食用

1）开始用餐。客人应待主人举杯示意开始后才可以用餐。

2）喝汤。汤匙是餐盘右侧最大的那一把，盛汤一般用汤盘。可用汤匙朝外侧将汤从盘子中徐徐舀起，也可将盘子用左手稍侧向外，以便舀汤。喝汤时不要发出声音。

3）使用刀叉。右手持刀、左手持叉，如果只用叉，可用右手。用刀时，不要将刀刃向外；切割时避免刀切在瓷盘上发出响声；不要用刀送食物入口。吃面条不要挑，可以用叉卷起来吃。谈话时，可不必将手中刀叉放下，但做手势时则应将刀叉放下，不要手持刀叉比画。中途离开餐桌，应将刀叉呈“八”字形分开放在盘子上；用餐完毕后，应将刀叉并拢在一起放在盘子上。

4）取面包、黄油。取面包应用手去拿，然后放在面包盘中或餐盘的边沿，不要用刀叉去取面包。取黄油应用黄油刀，黄油取出后放在黄油碟中，不要把整片面包涂上黄油，也不要用刀切面包，应每次掰一小块面包，吃一块涂一块。

5）吃色拉。吃色拉时只用叉子，可右手持叉。如果餐桌上同时有面包、饼干与色拉，可用左手拿一块面包或饼干，把色拉推上叉子。

6）吃鱼。西餐通常在烹调制作时会把鱼刺和骨头剔干净，但如果遇到带刺的鱼，可用刀将刺轻轻剔出。如鱼刺或骨头已经入口，不要直接吐入盘中，而要用叉接住后轻轻放在盘沿，或尽可能不引人注意地用手取出放在盘沿，不要扔在桌上或地下。西餐中的鱼常配柠檬，食用时可将柠檬汁挤在鱼上。

7）喝饮料或喝水。喝饮料或喝水时，应把口中食物先咽下，不要用饮料或水冲口中的食物。用水杯喝水时，如嘴唇上有油渍要先擦一下，以免在杯子上留下印迹。

8）可以用手拿着吃的食物。带壳的牡蛎、三明治、炸薯条、带芯玉米、龙虾片以及面包或面包卷等，都可以用手拿着吃。

9）喝咖啡。如想加奶或糖时，可自取。喝时用右手握杯把，左手端小碟，如在餐桌上，也可不端起小碟。喝咖啡时，咖啡匙不可放在杯中，搅拌完以后应把它放在小碟上。

10）饮酒。为表示友好或为了活跃气氛，用餐时可相互敬酒、祝酒，但不可劝酒。敬酒、祝酒时可碰杯，也可举杯示意。用餐时，可以根据自己的需要喝一点佐餐酒，但不应过量。

11）添菜。当主人给大家添菜时，客人可依次将盘子递给主人或交给服务员，但不要主动要求添菜。

12）取菜。服务员依次为客人上菜，走到客人的左边时才轮到该客人取菜。取菜时，最好每样都取一点，如果有实在不喜欢的菜，也不要勉强，可以说“谢谢，不要了”，不可流露出对食物的不满。

（2）进餐的风度

1）用餐时，身体要坐正，不要前俯后仰，也不要把手臂横放在桌上，以免影响他人。身体可以略向前靠，但不要低头凑到餐具边吃东西，也不要把碗碟端起来，而应用叉子或勺子取食物放到口中。

2）用餐时应闭嘴咀嚼。咀嚼食物时不要讲话，即使恰好有人问话，也要等咽下食物后再回答。

交流区

根据所学的用餐礼仪，在正确图示的旁边打“√”，错误图示的旁边打“×”。

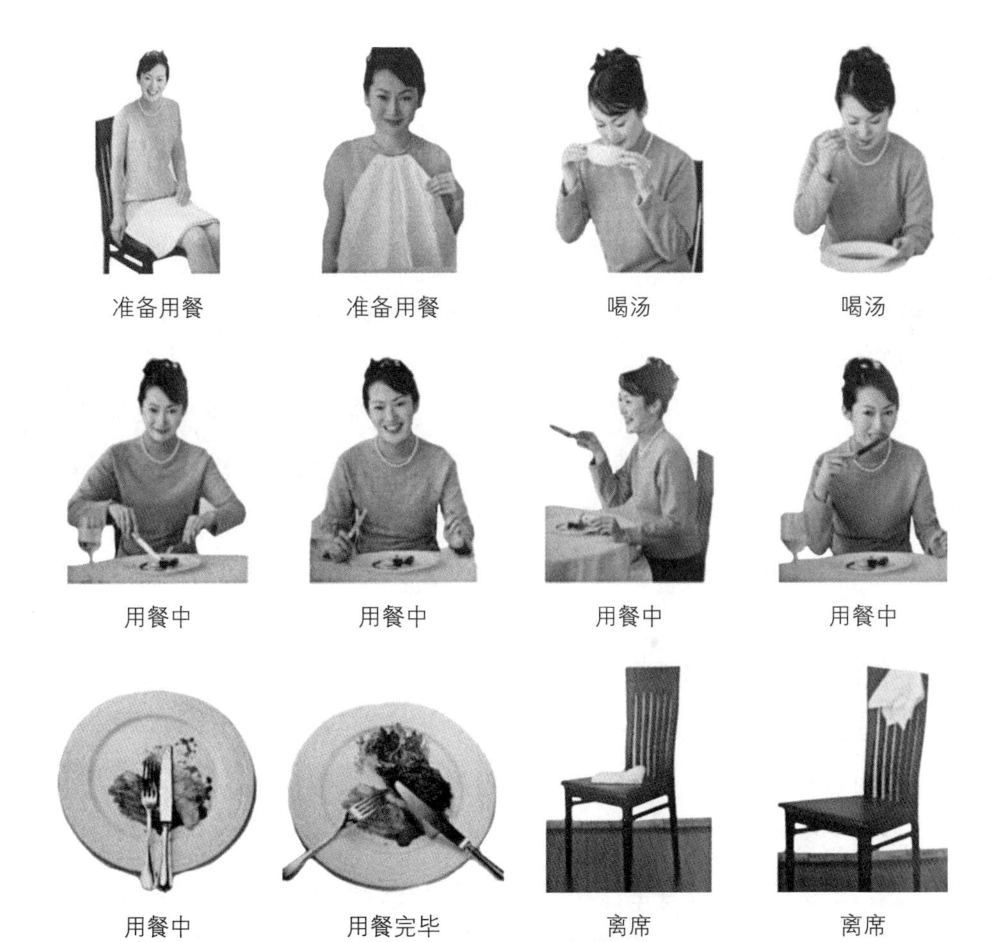

准备用餐　准备用餐　喝汤　喝汤

用餐中　用餐中　用餐中　用餐中

用餐中　用餐完毕　离席　离席

3. 自助餐用餐礼仪

自助餐一般不预备正餐，而由就餐者在用餐时自行选择食物、饮料，然后或立或坐，自由地与他人一起或独自用餐。因此自助餐具有免排座次、节省费用、各取所需、一次性招待者比较多等特点。用餐者在享用自助餐时，应遵循以下礼仪规范。

（1）排队取菜

自助餐讲究先来后到，用餐者排队选用食物，不允许乱挤、乱抢、乱插队，更不允许不排队。

在取菜之前，先要准备好一个餐盘。轮到自己取菜时，应使用公用的餐具将食物装入自己的餐盘之内。

（2）循序取菜

原则上按照生菜、色拉、主食、甜点、水果的顺序取菜，一次取两三样。

（3）多次少取

适量地取自己爱吃的品种，多取几次也无妨。盘子如果堆得太满，既不雅观，又会因食物混合在一起而减损食物的美味。

（4）送回餐具

离开前应对餐具稍加整理。一般情况下，自助餐礼仪均要求用餐者在用餐完毕后自行将所用餐具送至指定位置，在庭院、花园里享用自助餐时，尤其应注意此点。在餐厅就座用餐时，可以在离去时将餐具留在餐桌上，由服务员负责端走。

（5）照顾他人

用餐期间，除了要注意自己的行为举止以外，还需要与他人和睦相处。对于其他用餐者应以礼相待，在排队、取菜、寻位等活动期间，要主动礼让其他用餐者。

（6）避免外带

用餐者只能在用餐现场自行享用自助餐，绝对不允许在用餐完毕后将食物打包外带。

（7）吃自助餐时的失礼行为

1）混用专用菜夹。

2）取菜时用自己用过的餐盘。

3）在众多的食物面前犹豫再三，让身后的人久等。

4）取菜时挑挑拣拣，甚至直接下手或以自己的餐具取菜。

5）在主桌前交谈或进餐，妨碍他人。

知识窗

自助餐的由来

“自助餐”据说来源于8世纪至11世纪北欧的斯堪的纳维亚半岛，原意是“海盗的聚餐”。那时的海盗们每当有所猎获时，就要由海盗首领出面大宴群盗，以示庆贺。但海盗们不熟悉也不习惯当时中西欧吃西餐的繁文缛节，于是便别出心裁，发明了这种自己到餐台上自选、自取食物及饮料的吃法。后来的西餐从业者将其文明化、规范化，并丰富了食物的内容，就成了今日的自助餐。很多西方的专业自助餐厅现在还冠以“海盗餐厅”的名称。

三、告辞礼仪

1. 中途告辞礼仪

如果事先已准备中途离开，应在宴会开始之前就向主人说明理由，届时向主人打个招呼便可悄悄离场。如果是临时有事需要提前告辞，同样应向主人说明理由。无论何时提前离席，都要向主人表示歉意。

中途道别时，不要选在有人讲话或刚讲完话之后，以免引起误会。中途离席应尽量减少对宴会的影响，勿使人尽皆知，影响整个宴会的气氛。

2. 散席告辞礼仪

在主人和主宾离席后，其他客人才能离席。主宾先向主人告辞，其他客人随后致谢告辞。道别的顺序是男宾向男主人告辞，女宾向女主人告辞，然后再交叉告辞。告辞时，客人应与主人有礼貌地握手致谢，对宴会进行适度赞美。

3. 宴后致谢

应在宴会结束后的两三天内与邀请方联系表示感谢。

第四节　馈赠礼仪

馈赠是人们以物的形式向交往对象表示祝贺、感激、慰问和惜别之情。在商务活动中，相互馈赠是表示友好和敬意的一种重要方式。为此，秘书必须掌握必要的馈赠礼仪，以便妥善安排好各种馈赠活动。

一、礼物的选择

礼物的选择是一门艺术。选择礼物时，要视对象、关系、场合和目的而定。礼物价格应适当，既要符合受礼者的品位，又不能让受礼者感到为难。

1. 选择礼物的原则

（1）纪念性原则

礼物是用来言情、寄意、表礼的，礼物中包含着赠礼者的情感。因此，馈赠礼物时无须过分强调价值、价格，而应突出礼物的纪念意义，通过礼物使对方记住自己，达到有效沟通的目的。

（2）实用性原则

尽管礼物的实用性不是其第一属性，但如果礼物具有一定的实用性，能够成为受礼者日常生活、工作中不可或缺的一部分，就会让受礼者经常记起赠礼者。因此，赠礼者应细心观察受礼者的实际需要，根据其经济状况、文化程度，有针对性地选择礼物。

（3）独特性原则

礼物应具有独特性，要做到“人无我有、人有我优”，否则易让人产生敷衍了事之感。

（4）时尚性原则

在选择礼物时，应注意时尚性，如果礼物平庸俗气，馈赠的效果会适得其反。

（5）便携性原则

商务交往的礼物要注意它的便携性，尤其是给来自异地客人的礼物，应以不易碎、不笨重、便于携带为标准，否则反倒给对方平添烦恼。

（6）投其所好原则

可以通过仔细观察或打听了解受礼者的兴趣爱好，根据其年龄、爱好、文化素养和工作环境等有针对性地挑选礼物，做到“因人施礼”。

（7）规避禁忌原则

馈赠礼物前，一定要了解受礼者的民族禁忌和个人禁忌等，以免触犯其禁忌。

知识窗

送礼的禁忌

● 数量上，好双忌单，但因“4”与“死”谐音，所以忌以4为尾数的数量。

● 颜色上，喜红，忌白与黑。

● 给老人不送钟，给新婚夫妻及病人不送梨或伞，因为钟与“终”、梨与“离”、伞与“散”谐音。

2. 宜送物品

（1）鲜花

鲜花是一种高雅的礼物。通过赠送鲜花能表达出赠礼者的问候、祝贺、慰问和感谢。使用鲜花作为礼物时，应注意各种花的花语。

知识窗

花语

● 给老人祝寿宜送长寿花或万年青，长寿花象征“健康长寿”，万年青象征“永葆青春”。

● 节日期间看望亲朋好友宜送吉祥草，象征“幸福吉祥”。

● 拜访德高望重者宜送兰花，兰花象征“品行高洁”，又有“花中君子”之美称。

● 祝贺新店开张、公司开业宜送月季、紫薇等，这类花花期长、花朵繁茂，象征“兴旺发达，财源茂盛”。

● 给朋友送行宜送芍药，芍药不仅花朵鲜艳，而且象征“难舍难分”。

● 春节宜送新颖别致的小盆花，如报春花、富贵菊、仙客来、荷包花、紫罗兰、花毛茛、报岁兰等。

● 乔迁宜送巴西铁、鹅掌叶、绿萝柱、彩叶芋等观赏类植物或盆景。

● 祝贺新婚之喜除送百合、郁金香、香雪兰、扶郎花以外，还可选用剑兰、大丽花、风信子、石斛兰、卡特兰、大花蕙兰等。

● 看望病人宜送兰花、水仙、马蹄莲等，或选用病人平时喜欢的品种，有利于病人放松心情、早日康复。

（2）食品

食品是商务馈赠中一种常见的礼物，方便受礼者与家人或同事一起分享。常见的食品礼物有茶叶、糖果、新鲜的水果、坚果等。

（3）实用型物品

实用型物品的选择可以体现对方的爱好和兴趣为准则，也可以用于对方日常工作为准则，如袖珍日历、相框、名片盒、商务书籍等。

（4）促销产品

用促销产品作为礼物可以用来帮助企业与消费者联络感情，赢得客户忠诚度和认知度。为反映企业形象，促销产品礼物不仅要印有企业或产品的标识语，还应做得精致。较常见的促销产品礼物有钥匙扣、宣传光盘、广告衫、挂历、日记本、雨伞、U 盘等。

3. 忌送物品

根据常识和社交知识，下列物品不宜作为礼物赠送。

（1）坏俗和私忌物品

与受礼者民族习俗、宗教信仰等冲突的物品不能赠送，否则有不尊重对方之嫌。

（2）有害物品

对人们学习、生活、工作和身体健康有害无益的物品，如低级庸俗的书刊、音像制品等，均不宜作为礼物赠送。

（3）废弃物品

废弃物品、粗制滥造的物品或过季商品均不能送给他人，否则有愚弄对方、滥竽充数之嫌。

（4）大额现金和有价证券

商务活动中不能将大额现金和有价证券作为馈赠礼物，否则有行贿之嫌；同时还要注意，金银珠宝也不适合送人。

（5）药品

商务活动中一般不宜将药品作为馈赠礼物，否则有暗示受礼者身体欠佳之嫌。

二、赠礼礼仪

选择一件合适的礼物只是赠礼的开始环节，如何把礼物合乎礼仪地赠送给受礼者才是整个赠礼行为获得成功的关键环节。

1. 赠礼的时机

（1）选择最佳时机

一是选择重大节日，如春节、中秋节、圣诞节等国内外传统节日馈赠礼物；二是选择与受礼者有关的特殊日子馈赠礼物，如与对方商务活动相关的特殊日子，或与对方私人相关的特殊日子，前者如对方的晋升、获奖、公司成立的日子等，后者如对方的生日、结婚纪念日等。

（2）选择具体时间

一般而言，拜访他人时最好在双方见面之初向对方送上礼物；而主人接待来访者时，则应在客人离开前或者告别宴会上把礼物赠送给对方。

（3）控制赠送礼物的频度

赠送礼物过于频繁或间隔时间过长均不合适，应根据具体情况适当地控制其时间间隔。

2. 赠礼的地点

考虑赠送礼物的具体地点时要注意公私有别。一般而言，商务活动中礼物应在商务场合赠送，如办公室、写字楼、会客厅等；私人交往中礼物则应在私人场合赠送。

3. 赠礼的方式

（1）亲自赠送

亲自赠送礼物是最常见也是最友好的赠礼方式。赠送时，既可当面祝福或问候受礼者，又可畅叙情意，介绍礼物的寓意，充分发挥赠礼的作用。

（2）邮寄赠送

邮寄赠送礼物时，一般都应随附一张贺卡，写明赠礼缘由、祝福的话语并署名。

（3）托人赠送

当赠礼者无法或不宜当面赠送礼物时，可委托第三人将礼物赠送给受礼者，并转达其对受礼者的问候。托人赠礼时，最好随附由赠礼者亲笔书写的贺卡和礼单，以表诚意，但不可在礼物中夹放名片。

4. 赠礼的过程

（1）精心包装

礼物没有包装会被理解为随意应付受礼者，起不到赠礼的作用。为此，送给他人的礼物，尤其是在正式场合赠送的礼物，应精心包装。礼物包装的具体要求如下。

1）礼物即使本身已有外包装盒，也要包装后才能赠送。

2）包装礼物时尽量选择优质材料。可选用彩色花纹纸包装，用彩色缎带捆扎，并系成好看的结。

3）在选择礼物包装纸的颜色和图案、包装后的形状、缎带的颜色及结法时，要注意尊重受礼者的文化背景、风俗习惯和个人禁忌。

（2）举止得体

1）赠礼者赠礼时应面带微笑，目视对方，双手递出礼物。切记：不可用单手递送礼物，尤其是对有宗教信仰的受礼者，用一只手（特别是用左手）递送礼物是极不礼貌的行为。

2）当面赠送礼物后，赠礼者应主动与受礼者握手。

3）赠礼时不可偷偷摸摸、手足无措或悄悄乱塞、乱放礼物。

（3）赠礼顺序

如果同时向多人赠送礼物，应遵循“尊者优先”的原则，先长辈后晚辈，先女士后男士，先上司后下属，按照次序有条不紊地进行。

（4）适当说明

为了加深交往对象对礼物的印象，在商务交往中，当赠礼者将礼物赠送给受礼者时，应对礼物的含义、具体用途及与众不同之处做必要的说明。

（5）由在场地位最高者出面赠送

为了让受礼者产生被重视之感，赠送礼物时，应由本单位主要领导或由本单位、本部门在场者中地位最高者向客人赠送礼物。

交流区

根据馈赠礼仪的规定，请判断以下礼物赠送的方式是否符合礼仪。

1.一男一女拜访他人，登门之际，女宾向女主人赠送了一束鲜花。

2.一个写字间内，多人正在办公，一名男士带烟酒入内后对某男士说：“王哥，这是我的一点小意思。”

3.某公司向来宾赠送礼物，女秘书把包装好的礼物交给上司，上司双手递送给客人。

符合礼仪的是____。

不符合礼仪的是______________________________________。

不符合礼仪的理由是__________________________________。

三、受礼礼仪

1. 态度大方

如果准备接受礼物，就没必要再三推辞，因为这样做反而让对方觉得自己不诚恳，给对方留下不好的印象。

2. 受礼得体

接受礼物时，应停止手中的工作，起身站立，面向对方，双手捧接，不要用一只手特别是不要只用左手去接礼物。

3. 拆启包装

接受礼物时，如果条件允许，应当面拆启礼物的包装，还可请赠礼者介绍礼物的功能和使用方法，以示对礼物的喜爱。

4. 表示谢意

接受礼物时，除口头表示感谢以外，事后还需要打电话或发邮件专门再次向对方道谢。

四、拒礼礼仪

在商务交往中，拒绝收礼一般是不允许的，最好是表示谢意并接受它。如果因故拒绝，态度应委婉而坚决。拒绝礼物的方法通常有以下几种。

1. 直接回绝

说明拒绝的原因，如身份不允许、单位规定不允许等，否则不说明理由的拒绝是没有礼貌的。

2. 委婉拒绝

（1）即使拒绝了对方的礼物，也要感谢对方的好意。

（2）拒绝别人的礼物时，态度要友善，无论如何不能对对方加以谴责、质问或谩骂。

3. 先收后退

拒收他人赠送的礼物时，最好选择当面谢绝，尽量避免收后再退。但有时当着他人的面拒绝别人的礼物会让赠礼人觉得难堪，为此可暂时先收下礼物再找机会退还。退还礼物一定要及时，最好在二十四小时之内将礼物退还本人，另外退还时还要保证礼物的完整，不要拆封或者试用后再退还。

五、回赠礼仪

收到馈赠的礼物后受礼者一般要回赠，从而加强联系、增进友谊。在回赠礼物时，应注意以下几个方面的问题。

1. 注意回赠的时机

选择回赠时机与赠送礼物时机的要求大体相同，要注意两者相隔的时间适度。如果回赠过早，容易让别人误以为是“等价交换”；如果拖延太久，回赠效果也不好。但是，在一些特殊情况下则不受约束。如在节日庆典时期，可以在客人走时立即回赠，而在受礼者生日、晋升时接受的礼物，应在赠礼者有类似的情形时或恰当的时机再回赠。

2. 回赠礼物的技巧

（1）回赠礼物时应选择得体的回赠形式，如果回赠的形式不当，赠礼的效果会适得其反。

（2）回赠的礼物切忌重复，一般要价值相当，也可以根据自己的情况而定，但也不必逢礼必回。

（3）因为一般赠礼者在挑选礼物时会有意无意地选择自己喜欢的物品，所以回赠对方时，不妨参考一下对方馈赠的礼品。

思考与练习

一、简答题

1. 握手时应注意哪些禁忌?
2. 简述宴会的邀请礼仪。
3. 简述中餐宴会的就餐礼仪。
4. 简述赠礼礼仪。

二、实践题

小李是A公司的秘书，今天接到王董事长的通知，让其去机场接一位新客人李董事长（王董事长与李董事长只通过电话，未曾见过面）。王董事长将在公司的会客室接见李董事长，进行业务洽谈。

请同学分组，运用所学的会见礼仪，演示小李迎客与送客的全过程。

三、案例分析题

1. 自助餐风波

周小姐代表公司出席一家外国商社的周年庆典活动，正式的庆典活动结束后，该外国商社为全体来宾安排了丰盛的自助餐。虽然在此之前周小姐并未吃过正式的自助餐，但是她在用餐开始之后发现其他用餐者的表现非常随意，便“照葫芦画瓢”，像别人一样轻松用餐。

让周小姐开心的是，自助餐中有自己平时最爱吃的北极虾，于是，她盛了满满一大盘。她的想法是：北极虾虽然好吃，可不便来回去取，否则别人就会嘲笑自己没有见过世面。再说，这么好吃的北极虾，这会儿不多盛一些，保不准一会儿就没有了。

然而令周小姐脸红的是，当她端着盛满了北极虾的盘子从餐台边离去时，周围的人都用异样的眼神盯着她。有一位同伴还用鄙夷的语气小声说道：“真够能吃的！”事后周小姐才知道，自己当时的行为是有违自助餐用餐礼仪的。

问题：你知道周小姐的行为存在哪些问题吗？她怎样做才符合自助餐用餐礼仪？

2. 为他人介绍

（1）这位是 ×× 公司的人力资源部张经理，他可是实权派，路子宽、朋友多，有需要帮忙的可以找他。

（2）李 × 是一位作家兼演说家，一次他应邀去参加一个会议，并进行演讲。演讲开始前，会议主持人将李 × 介绍给观众：“请大家注意了，今天晚上我给你们带来了不好的消息，我们本想请 A 君来给我们讲话，但他因病无法前来；后来我们又请 B 君前来，可他太忙了；最后，我们试图请 C 君也没有成功；最终，我们请到了李先生。”

（3）我给各位介绍一下，这小子是我的铁哥们儿，开小车的，我们管他叫“黑蛋”。

问题：以上三种介绍方式各存在什么问题？在社交场合中进行介绍应注意哪些规范？

3. 送花

王艳和文军在同一家公司工作，两人是工作中的好搭档。王艳邀请文军参加自己的婚礼，为了表达心意，文军考虑要送给王艳一份特别的礼物。思来想去，文军觉得送鲜花既时尚又浪漫，最合适，而且要送红玫瑰，以表示对新婚夫妇甜蜜爱情的祝福。这天，文军捧着一大束红玫瑰参加婚礼，可当他将花束送给王艳时，王艳面部表情发生了急剧的变化，迟疑地不肯接鲜花，王艳新婚丈夫的脸色则更加难看，这令文军十分难堪。

问题：请分析王艳夫妇不悦的原因。从该案例中你得到了什么启示？

part

03

第三章 | 秘书口语交际礼仪

学习目标

- 掌握秘书称呼礼仪的基本要求
- 掌握秘书交谈礼仪的基本要求
- 了解秘书拜访礼仪的基本要求
- 掌握秘书电话礼仪的基本要求

商务交往对秘书的口语交际能力有很高的要求，秘书必须具有良好的逻辑思维能力和清晰的语言表达能力。在商务活动中，秘书应恰当地运用称呼礼仪、交谈礼仪、拜访礼仪和电话礼仪，始终保持良好的风度，以礼待人。

案例引导

“您好，我是 ×× 公司的秘书小王，请问刘英在吗?”

“对不起，请问你是要找市场部的刘英还是财务部的刘英?”

“不好意思，请您稍等一下!”小王不得不放下电话，临时去翻名片核对。

想一想：

1. 小王哪里做得不对？
2. 小王在通电话前应做好哪些准备工作？

第一节　称呼礼仪

称呼是指人们在社会交往中用以表达彼此关系的名称用语。在商务活动中，称呼应恰当、规范、得体，以示对交往对象的尊重。

一、常见的称呼方式

在商务活动中，常见的称呼方式有以下几种。

1. 职务称

职务称是指按照交往对象的职务进行称呼的方式。在交往中，可以根据对方的职务，对其泛称为“部长”“董事长”“经理”“处长”“校长”等，也可以将其职务与姓名或姓氏组合在一起使用，如“陈清经理”“刘捷处长”“林部长”“王董事长”等。

2. 职衔称

职衔称是指按照交往对象拥有的社会上备受尊重的学位、职称、军衔等进行称呼的方式。在交往中，可以根据对方的职衔，对其泛称为“院士”“博士”“教授”“将军”等，也可以将其职衔与姓名或姓氏组合在一起使用，如“林洁博士”“陈琳将军”“张教授”“李院士”等。

3. 职业称

职业称是指按照交往对象所从事的职业进行称呼的方式。在交往中，可以根据对方的职业，对其泛称为“老师”“教练”“医生”“警官”等，也可以将其职业与姓名或姓氏组合在一起使用，如“姜华老师”“丁浩教练”“林医生”“陈警官”等。

4. 姓氏称

在交往对象彼此较熟悉的情况下，可以直接称呼其姓名或姓氏。在我国，为表示亲切，习惯在被称呼者的姓氏前面加上“老”或“小”字，而免称其名，如“老陈”“小王”等。

5. 泛尊称

泛尊称适合于商务社交场合中的大部分交往对象。对男士一般称“先生”，对已婚的女士称“夫人”，对婚姻状况未知的女性可以称“女士”。

二、称呼的禁忌

1. 忌用错称呼

如读错交往对象的姓氏、姓名，或商务活动中双方交换了名片后，记错对方的姓氏。

2. 忌无称呼

以“哎”“喂”等无指代性的称谓来称呼交往对象，会显得非常不尊重对方。

3. 慎用地方性称呼

有些称呼具有一定的地域性，如“师傅”“伙计”等，这些都属于地方性称呼，不应通行使用，因此在商务场合应慎用。

4. 忌用绰号称呼

在正式交往场合，即使对较熟悉的交往对象，也应忌用绰号称呼。

5. 避免语音禁忌

注意姓氏与职务的语音搭配，如付、戴、贾等姓氏与职务搭配时容易让人产生误解。

第二节　交谈礼仪

交谈是人们交流思想、建立联系、消除隔阂、协调关系、促进合作的一个重要渠道。秘书在交谈时的具体表现，往往能够体现其工作能力、知识水平、个人魅力以及待人接物的态度。

一、商务礼貌用语的基本形式

商务礼貌用语的基本形式有敬语、谦语和雅语。

1. 敬语

敬语是表示尊敬、恭敬的习惯用语，常用的敬语有问候语、请求语、感谢语、道歉语和道别语。在比较正规的社交场合，与身份地位较高的人交谈以及与人初次打交道或会见不太熟悉的人时应使用敬语，做到“请”当头、“谢”结尾、“对不起”“您好”“再见”等不离口。

知识窗

常用的敬语

1. 问候语

常用的问候语有“您好”“早安”“午安”“晚安”“很高兴认识您”“请多指教”“请多关照”等，适用于接待来宾、路遇他人、接听电话等场合。

2. 请求语

常用的请求语有“请”，适用于请求他人帮助、托付他人代劳或者请求他人协助之时。

3. 感谢语

常用的感谢语有“谢谢”“劳驾”“让您费心了”“实在过意不去”“拜托了”“感谢您的帮助”“给您添麻烦了”等，适用于因获得他人帮助、得到他人支持、赢得他人理解而表示感谢之时。

4. 道歉语

常用的道歉语有“请原谅”“打扰了”“失礼了”“很抱歉”“实在对不起”“是我的错，对不起”“请不要介意”等，适用于因某种原因给他人带来不便，或妨碍打扰对方以及未能充分满足对方的需求而表示歉意之时。

5. 道别语

常用的道别语有“再见”“晚安”“祝您一路平安”“祝您一路顺风”“欢迎下次光临”“欢迎再来”等，适用于与人告别之时。

2. 谦语

谦语是向人表示谦恭和自谦的词语。在使用敬语的同时，在自我称呼、自我判断、自我评价、自我要求时应使用谦语。谦语最常见的用法是在别人面前谦称自己和自己的亲属，如称自己为“愚”，称自己的亲属为“家严”“家慈”“家兄”“家嫂”等。

3. 雅语

雅语又称为婉辞或委婉语，是敬语的一种，是比较含蓄、委婉的表达方式。在一些正规的场合以及有长辈和女性在场时，应使用雅语。用雅语替代粗俗的语言，能体现出一个人的文化素养以及尊重他人的个人修养。例如，对一位有文化的长者使用雅语“请赐教”来代替“有什么意见请提”，效果会更好。

知识窗

常用的雅语

1. 对事物表谦敬

对对方的敬语包括：称姓名用贵姓、尊姓大名、芳名（对女性）等敬语，称年龄用高寿（对老人）、贵庚、芳龄（对女性）等，称住处用尊寓、尊府等，称见解用高见、高论等；表示自谦的雅语包括：称姓名用草字、敝姓等，称朋友用敝友等，称住处用寒舍、舍下等，称见解用愚见、拙见等，称年龄用虚度等。

2. 表谦敬祈请

请人提供方便或帮助用借光、劳驾、有劳、费心、操心等，托人办事用拜托，麻烦或打断别人用打扰，求人解答用请问，劝告别人用奉劝，请别人提意见用请指教、请赐教，请别人原谅用请包涵、请海涵等。

3. 表谦敬迎来送往

欢迎来宾用欢迎光临、恭候光临、敬请惠顾，初次见面用久仰、久仰大名，较长时间未见用久违，访问用拜访、拜望、拜见、拜谒，没有亲自迎接用失迎、有失远迎，自责不周用失敬、失礼，告别用拜别、告辞、拜辞，送别用请留步、请回、不必远送，中途辞别用失陪等。

4. 表其他谦敬

归还东西用奉还，赠送东西用奉送，祝贺用恭贺，请求对方宽容用恕我等。

二、交谈的基本原则

1. 态度真诚

态度真诚是商务交谈的第一原则，平等、宽容是真诚态度的具体表现。真诚的态度能让交谈的双方感到亲切、自然，能使双方的谈话在轻松愉快的氛围中进行，让双方都能获得真实而丰富的信息。

2. 语音标准

在商务交谈时，要发音准确、语速适中、语气谦和、内容简明。尽量使用对方能听得懂的语言，少用土语，慎用外语，非专业场合不可用过分专业的词汇。

3. 语言礼貌

在商务交谈时，一要注意语音语调，做到语气柔和、语音甜美、音调适中；二要用好礼貌用语，如“您好”“请”“对不起”“谢谢”“打扰了”“抱歉”“再见”等；三要学会针对不同时间、不同场合和不同对象，使用相应的敬语、谦语、雅语；四要尽量使用商讨性语言，如“可以吗?”“好吗?”等，尽量避免使用命令性语言，如“必须”“赶快”等。

4. 把握分寸

在商务交谈时，要注意把握分寸，主要表现在以下几个方面：首先，谈话内容不能随心所欲，不可令对方难堪和不愉快；其次，谈话时不要唱“独角戏”，搞一言堂，应注意互动；再次，谈话时还要察言观色、注意对方情绪，尽量不讲对方不爱听的话；最后，还应避免故意卖弄自己的特长和学识，避免出言不逊和恶语伤人，避免随意地与女性、长辈、上司开玩笑。

5. 举止得体

在商务交谈时，应神情专注、面带微笑、表情自然、姿态端庄、手势适当，切忌心不在焉、东张西望以及出现打哈欠、伸懒腰、不断看表等不礼貌的行为。

三、交谈的话题选择

话题是交谈的中心内容。话题选择得好，可以使双方找到共同语言，促进谈话的成功。

1. 宜谈话题

（1）既定的话题

既定的话题指有所准备的话题，如要进行调研或开座谈会征求意见等，预先通知相关人员为某一话题或讨论内容做好准备，则属于既定的话题。这类话题多属于正式场合的交谈内容，比较正规、严肃。

（2）擅长的话题

选择自己所擅长的话题，就会在交谈中得心应手，令对方刮目相看；选择对方所擅长的话题，则可以让对方发挥长处，调动其交谈的积极性，同时还可向对方表达自己的谦恭之意。

（3）热门的话题

以社会关注的热点问题作为交谈的话题，如有关国际、国内形势，百姓日常生活普遍关心或与自身相关的问题等。这类话题属于热门话题，适合在各种场合交谈，但讨论时要注意把握其变化，否则容易言过其“时”。

（4）高雅的话题

在商务活动中，也可选择一些内容文明、格调高雅的话题，以体现交谈者的见识、阅历、修养和品位。此类话题可以涉及文学、艺术、哲学、历史、地理、建筑等方面的内容。

（5）轻松的话题

交谈时要有意识地选择那些能给交谈对象带去开心与轻松的话题，如休闲娱乐、旅游观光、民俗风情、体育比赛、电视节目、流行时装等，这类话题适合非正式场合的闲聊。

2. 忌谈话题

（1）倾向性错误的话题

在商务交谈中，不能非议自己的祖国、党和政府，以及既有存在的社会规范。

（2）国家、行业、单位机密

在商务交谈中，一方面不得随意泄露自己所掌握的国家、行业、单位机密，否则不仅属于严重的失职行为，而且是一种犯罪行为；另一方面不要随意向对方打听国家、行业、单位机密。

（3）干涉交谈对象内部事务的话题

在商务交谈中，要坚持相互尊重、互不干涉对方内部事务的原则。秘书在进行商务交谈时，如果迫不得已必须对对方的内部事务做出评判，也应谨慎、客观、全面，切勿随心所欲地说三道四、指手画脚。

（4）个人隐私

商务交谈的内容不应涉及个人隐私，如交谈对象的年龄、收入、婚恋情况、健康状况、个人经历等。在涉外商务活动中，还应注意不要询问对方的政治见解和宗教信仰，不要询问对方正在做的事情和家庭住址等。

（5）背后议论有关上司、同事或同行的话题

在商务交谈中，不可随意对自己的上司、同事或同行加以非议，否则会给交谈对象留下心术不正、搬弄是非的印象。

（6）格调不高的话题

在商务交谈中，不要以色情、暴力等不健康内容作为话题。交谈内容健康、文明、格调高尚，可以反映出一个人的品位与修养。

四、交谈的技巧

1. 表达要委婉

在商务交谈中，表达要委婉。首先，应尽量避免使用主观武断的词语，如“只有”“一定”“唯一”“就要”等不带回旋余地的词语，尽量采用与人商量的口气；其次，在指出对方错误时，要先肯定后否定，学会使用“是的……但是……”这样的句式；再次，应把批评的话语放在表扬之后；最后，提醒他人的错误或拒绝他人应根据场合，尽量使用间接的方式，避免使对方感到尴尬和难堪。

2. 少说多听

交谈不仅仅是讲话，它是双方交流互动的过程，适宜的讲话和聆听有利于信息交流的畅通无阻和交谈气氛的和谐愉悦。在商务交谈中少说多听，一方面既能体现出对讲话者的尊重，增进双方的感情，又能营造轻松的谈话氛围；另一方面更多地获得信息后，可以冷静地分析对方的需要、态度、期望，同时，还可以理顺自己的思路，更完善地表达自己的意见，从而给人留下深刻的印象。

3. 善于提问

双方交谈时，不仅要善于聆听，还要善于提问。恰当、有效的提问能引导交谈的方向，能获得自己想了解的内容，甚至可以打破冷场，避免尴尬局面。

知识窗

有效提问的注意事项

- 应用尊敬的语气正面提问。
- 根据对方的身份地位及文化程度确定提问的内容，提问的问题尽量不要超出对方的认知水平和学识水平，避免提出令对方尴尬和涉及个人隐私的问题。

4. 学会赞美

在商务交谈时，恰当的赞美能赢得对方的欢心，但赞美时应因人而异、注意场合、讲究效果、恰到好处，不可虚假客套、违背事实。

5. 适度表现幽默

当交谈过程中出现不和谐的声音时，应随机应变，用适度的幽默来增强语言的感染力，化解尴尬局面。同时，幽默可以营造轻松、欢快的氛围。

五、谈话的座次安排

1. 会客时的座次安排

普通会客时的座次安排有以下三种形式。

（1）相对式座次安排

相对式座次安排是指客人与主人对面而坐。相对式座次安排的基本要求是面门为尊，即面对房间正门的座位为客位，背对房间正门的座位为主位。

（2）并列式座次安排

并列式座次安排是指客人与主人并排而坐。当宾主并排而坐时，以右为尊，即客人应坐在主人的右边。

（3）自由式座次安排

自由式座次安排即客人可自由择座。自由式座次安排通常在客人较多、座次无法排列的情况下使用。

2. 会见时的座次安排

国际上一般将会见分为接见和拜会。凡身份高的人士会见身份低的人士，或主人会见客人，称接见或召见；凡身份低的人士会见身份高的人士，或是客人会见主人，称拜会或拜见。我国对以上两种情况不做区分，统称会见。

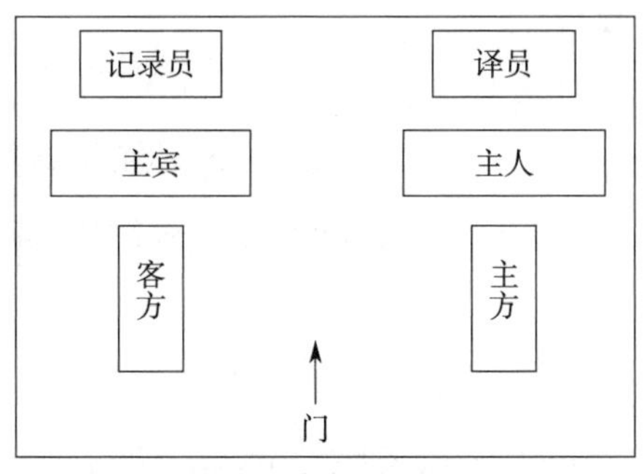

会见时的座次安排

会见通常安排在会客室或办公室，宾主一般坐在沙发上，客人坐在主人右侧，也可以穿插坐在一起，译员、记录员坐在主人和主宾的后面。

3. 会谈与谈判的座次安排

在商务交往中，当不同的单位为了各自的利益而在一起进行接洽商谈时，就出现了会谈或谈判。为了表明会谈与谈判的严肃性，人们对会谈或谈判的座次十分重视，会谈或谈判的座次安排具体有以下两种情况。

（1）双边会谈或谈判的座次安排

1）举行双边会谈或谈判时，应使用长桌或椭圆形桌子，宾主应分坐于桌子两侧。如果桌子横放，面对正门的一侧为尊，应安排客方就座，背对正门的一侧则应安排主方就座；如果桌子竖放，以进门的方向为准，右侧为尊，应安排客方就座，左侧则应安排主方就座。

2）进行双边会谈或谈判时，各方的主谈人员应在本方的一侧居中而坐。其他人员则应遵循右高左低的原则，依照职位的高低自近而远地分别在主谈人员的两侧就座。如有译员，应安排其就座于仅次于主谈人员的位置，即主谈人员之右。

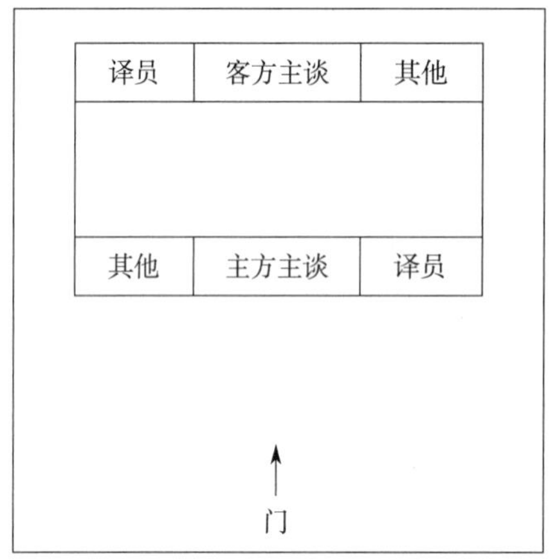

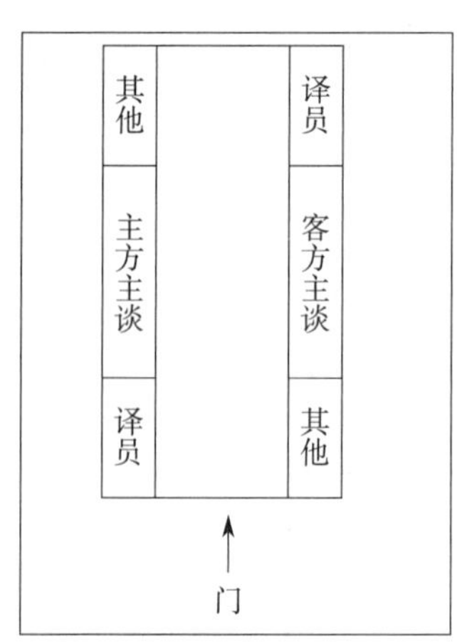

双边会谈座次安排示意图

（2）多边谈判的座次安排

多边谈判是指谈判的参加者是三方或者三方以上，多边谈判的座次安排有两种：一种是自由式，参加谈判的各方可自由择座；另一种是主席式，即在面对正门的位置设置一个主位，发言者可分别坐到主位发言，其他人面对主位，背门而坐。

第三节　拜访礼仪

拜访又称拜见或访谈，是指前往他人的工作地点或约定地点同对方进行会晤。拜访是秘书的一种常见性工作，秘书在拜访中应遵循以下礼仪要求。

一、有约在先

为避免成为不速之客，或因对方不在无功而返，拜访前，秘书应事先和拜访对象进行预约，预约时应考虑以下因素。

1. 约定拜访时间

（1）遵循不妨碍对方的原则

一般来说，商务拜访应选择对方上班的时间，通常以 9：00—11：00、14：00—16：00 为宜，但星期一上午和星期五下午不宜拜访。

（2）遵循客随主便的原则

可用电话、微信或电子邮件提出拜访请求。在提出拜访请求时，可以给对方预定一个大致的日期，如“希望在 12 日之前来拜访您”或“下个礼拜去拜访您不知是否方便?”，然后再加一句“您什么时候有时间?”的询问，最后由对方决定具体时间。

2. 约定拜访人员

在约定拜访时，应向对方通报前往的具体人数及身份，便于对方做好相应的接待准备。人员一经约定，不宜再变动。

3. 约定拜访地点

拜访地点要视拜访的具体目的而定。可选择办公室，也可选择办公室附近的茶楼或咖啡厅。

二、精心准备

双方约定好见面后，为了能顺利地实现拜访目的，秘书要认真做好以下准备工作。

1. 仪表修饰得体

秘书的商务拜访多是受上司的委托，代表单位办事，因此穿着打扮要得体大方、干净整洁，符合职业特点和要求。

2. 信息收集全面

拜访前还要收集对方的相关资料。如果不太熟悉情况，就要向同事或上司了解；同时要将对方公司的基本资料浏览一遍，做到知己知彼。值得注意的是，即使上门拜访仅仅是为了建立联系，也要对对方做深入细致的了解，为良好沟通做准备。

3. 物品携带齐全

商务拜访必带的物品有公司介绍、产品介绍、宣传资料、名片、笔等。

4. 谈话主题和方式明确

拜访前应考虑怎样与对方交谈更为妥当，特别是拜访职位高者或年长者时，更要注意谈话的内容，应选择对方最能接受的谈话方式。

三、准时赴约

约定时间后，必须加以遵守，如有特殊原因不能赴约，应尽快通知对方，诚恳道歉，并解释原因。登门拜访时，要准时到达，既不要早到，让对方措手不及，也不要迟到，让对方等候。如果是第一次去拜访，就要在拜访之前查清楚对方的地址、交通路线以及往返所需的时间，以免因路况不熟而不能按时到达。

四、登门有礼

1. 先行通报

所拜访的单位如果设置了前台，应和前台工作人员打招呼，递上名片，说明来意，请对方与被访者联系；如果没有设置前台，抵达对方办公室时，应先请其秘书通报。敲办公室的门时，用食指轻叩两三下即可；按门铃时，让铃响两三声即可。

2. 施礼问候

见面时，秘书应主动问好，与对方握手。初次见面，略做自我介绍，如遇对方其他人员在场，应主动问好。

知识窗

秘书登门拜访时的礼仪细节

- 与上司一同前往拜访时，秘书应向前台工作人员询问，确认拜访的相关事宜。
- 拜访的过程中，有人引领时，应让上司先行。
- 进入接待室等候时，先站在入口处等待指示。如果对方说“请坐”，可以先暂时坐在下位（最接近入口的位置），等对方提示座位。负责人员走进来时，要立刻起身问候。
- 随身携带的公文包应放在脚边，不可放在桌椅上。
- 在拜访期间，应将手机关机或调至静音模式。

五、礼貌洽谈

1. 向被拜访者介绍同行者

如果有上司与同事一同前往拜访，秘书作为“联络官”应主动向被拜访者介绍上司与同事，介绍时应先介绍上司后介绍同事。

2. 注意遣词用语

在与被拜访者沟通时，特别是双方在场人数较多时，不管私交多好，一定要注意遣词用语，遵守语言使用礼仪。

3. 说话简洁

交谈时，说话一定要简洁，切忌啰唆，对于自己不明白的地方，要想办法问清楚。对于对方提出的问题，应把重点记录下来。如果遇见无法做主的事，要明确告诉对方只有向上司汇报后才能答复。如果用电话当场向上司请示，应在静处通话，注意回避对方。

4. 注意表情

不管讨论的事情多么严肃，双方的分歧多大，讨论时要始终保持微笑或谦和的表情，说话时应和对方保持目光接触，不可回避对方的目光，否则会给对方留下紧张不安或注意力不集中的印象。

5. 注意肢体动作

在与对方交谈时，不应双臂交叉抱着胳膊、跷二郎腿或晃动身体。

六、适时告退

1. 控制拜访时间

一般的商务拜访，时间最好控制在三十分钟左右。因此，事先就要想好谈话的内容，以便在三十分钟内可以结束拜访。当然，一些大型会谈或会议的时间会有所延长，但即使在这种情况下，也要注意控制时间。有时候在谈话中会忘记时间，为了避免发生这种情况，最好设置手机振铃，起到提醒作用。

2. 注意告辞方式

原则上是由拜访者结束会谈。当拜访者觉得拜访的目的已经达到时，就应起身告辞。告辞之前要稳重，不要显得迫不及待。最好讲一段带有告别之意的话语之后，或者在双方对话告一段落而新的话题没有开始之前提出告辞。告辞时，应对对方的热情招待表示感谢，可以说“谢谢您百忙之中接待我”或“给您添麻烦了”。

3. 告辞时的注意事项

（1）告辞应坚决，不要告而不辞，只说不动。

（2）在起身离开座位前，要将茶杯的盖子盖上，如果是咖啡，还要将砂糖的空袋或奶精的空瓶简单整理好。

（3）离开时除向会谈的人员告辞以外，还可以对前台工作人员点头示意，或对其说“打扰了，再见”。

（4）如果可以，应在初次会面时与对方预约下次拜访的时间，以便双方更好地合作。

（5）拜访结束后，可以用电子邮件、电话或商务书信向对方表达感谢之意，以便以后的拜访更有效果。

（6）学会察言观色，如果出现以下现象，即是受访者下“逐客令”。

1）对方开口说：“我看谈得差不多了。”

2）对方不断地查看时间。

3）对方将杯盖盖上，将茶杯或咖啡杯稍微向内移动，整理文件，收好名片等。

第四节　电话礼仪

电话是商务活动中最常用到的沟通工具。掌握接听电话、拨打电话及使用手机的礼仪，能够体现秘书良好的职业素养。

一、接听电话的礼仪

1. 做好准备

秘书应养成做电话记录的习惯，在电话机旁准备专用的电话记录纸和笔，以免在工作中出现遗漏或张冠李戴的现象。秘书电话记录的五要素简称为“4W1H”，具体内容见表 3–1。

表 3–1　秘书电话记录的五要素

“4W1H”	内容
When	什么时间（接电话的时间）
Who	谁打来的
Whom	打给谁的
What	电话的具体内容
How	如何处理

2. 迅速接听

秘书接听电话要迅速，应在电话铃响三声之内接听电话。如果铃响三声之后才接听电话，应向对方道歉：“对不起，让您久等了。”

3. 应答谦和

秘书接起电话后，应向对方问好，然后做自我介绍，介绍时语调应谦恭有礼、热情柔和，音量要适中自然。自我介绍的基本模式是：“您好，这里是 ×× 公司（单位名称），我是秘书 ×××。”“您好！ ×× 公司（单位名称），请问有什么可以帮到您的吗?”通话过程中，语言应简洁、专业，应有礼貌。

交流区

两名同学组队，一名扮演打电话者，另一名扮演接电话者，接电话者分别使用对话 1 和对话 2 的语言（见表 3-2）进行接听，然后写出心得体会。

表 3-2　　接听电话用语比较

对话 1	对话 2
你找谁?	请问您找哪位?
有什么事?	请问您有什么事?
你是谁?	请问您贵姓?
不知道!	抱歉，这件事我不太了解。
没这个人!	对不起，我再查一下，您还有其他信息可以提供吗?
等一下，我要接别的电话。	抱歉，请稍等!

4. 专心友善

秘书接听电话时要专心，不可同时处理其他事情，如果有特殊情况不得不兼顾时，应向对方说：“对不起，请您稍候”，并按电话保留键。如果接听到误打进来的电话，要耐心向对方加以说明，如有可能，应向对方提供帮助。

5. 主次分明

秘书在接听电话时，如果有另一个电话打进来，这时应区分主次，区别对待，通常的处理方法是优先处理先打进来的电话。但如果第二个电话比第一个电话更为重要，就需要优先处理第二个电话，此时应向第一位通话者说明原因并诚恳地致歉。不管是挂线或留线，再次回电或重新接听时应再次致歉，或感谢对方的等候。

6. 做好记录

如果电话是找上司的，上司却不在座位上，秘书应根据对方需要认真地做好电话记录。做电话记录应符合下列要求。

（1）向对方表示歉意，并说明上司不在，但没必要说出上司不在的理由和上司的去处。

（2）让对方了解自己的职责，主动承担转达的责任。询问对方能否等上司回来后再给其回电话，如果需要，应问清打电话者的姓名、单位和联系方式，对方在电话里提到的数字要再次确认。对方说完之后，用简单明了的语言将对方的要点复述一遍，请对方确认是否正确。

7. 礼貌挂断

结束电话时，一般遵循“谁打出电话谁先挂断”和“位高者先挂”的原则。但如果对方也在礼貌地等候，可以客气地说：“还有事吗？我可以放下电话了吗?”

8. 转达留言

挂断电话后，秘书应及时转达所做的电话记录。秘书在转达留言时，应注意以下两点。

（1）将留言条放在上司容易看到的地方。如果与上司形成了默契，使用专门的文件夹，可以放在“待阅文件夹”的最上面。

（2）上司回来之后，还要口头说一下有电话找他的事。

知识窗

上司不能接听电话时的答复方法

1. 一般的答复方法

上司不在办公室时，如果有电话找他，秘书要能判断出其紧急程度。如果事情不急，就等上司回来再说，或定时向上司汇报；如果事情紧急，则应马上与上司联系，请上司直接打电话回复对方。如果是要确认上司是否参会，应答复对方说：“我请示以后再与您联系。”放下电话，马上与上司取得联系，然后按指示将上司的意思转达给对方。

2. 上司正在开会的答复方法

在一般情况下，上司开会时无法接电话，可以告诉对方现在上司不在座位上。如果对方说很急，可以征求对方的意见：“方便告诉我是什么事情吗?”确认之后，马上写纸条交给会务负责人，请他转交给上司。

3. 上司外出时的答复方法

如果知道上司回办公室的时间，秘书应提出建议，请对方定夺：“不好意思，他现在不在办公室，估计还要一个小时才能回来。他一回来就请他给您回电话，这样可以吗?”如果不知道上司回办公室的时间，秘书应答复对方说：“他回来后请他给您回电话，好吗？在什么时间之前给您回电话比较合适?”

此种情况下一定要做好电话记录。

4. 上司出差时的答复方法

如果上司出差，短时间内不能回单位，秘书要主动承担起留言和转达的工作。秘书应答复对方说：“如果方便的话，能告诉我是什么事吗？”如果不能确认上司会在什么时间给对方答复，应征求对方意见：“在什么时间之前给您回电话比较合适？”

二、拨打电话的礼仪

1. 选好通话时间

拨打工作电话一般要在上班时间，除紧急事情以外，一般在以下时间段不宜拨打商务电话：早餐时间、午休时间、22：30 以后。如果需要在午休或私人时间打工作电话，一定要先表示歉意，以消除对方的反感。如果在午休时间打电话，可以说：“很抱歉打扰您的午休……”在下班后的私人时间打电话，可以说：“很抱歉在这个时间打扰您，我是 ×× 公司的秘书 ×××。”

2. 拟好通话要点

拨打电话前应想好接通后说什么以及通话时间。如果怕遗漏，可拟出通话要点，理出通话的顺序，备齐与通话内容有关的文件和资料。

3. 适时自报家门

电话接通后，应先向对方问一声“您好”，接着问“您是 ××× 公司吗?”得到明确答复后，再报自己的单位和姓名，然后报出受话人姓名，如受话人不在，可请人转告或过一会儿再打。

4. 掌握联络顺序

如果有事要找某单位的领导，一般情况下，均应先联络该领导的秘书，简要说明自己的目的，由秘书去汇报，并向对方秘书表示感谢：“又给您添麻烦了”或“您那么忙，实在不好意思”。如果是替自己的上司拨打电话，那么，应在对方上司接听之前，把话筒递给自己的上司。

5. 误拨电话要道歉

如果无意间拨错了电话号码，一定不能一挂了之，而是要迅速道歉。可以说：“对不起，我可能拨错号码了。”可以报一下自己拨的号码，看是否与对方的号码相同，以免再次拨错。

6. 未完成通话应主动回拨

在通话过程中，如果因线路故障或信号不好造成通话中断，应主动将电话打回去，向对方道歉并做出解释。

三、使用手机礼仪

1. 置放到位

在公共场合，手机在不使用的情况下，要放在合乎礼仪的常规位置，不要拿在手中或放在上衣口袋。聊天时，也不要将手机放在桌上。

2. 遵守公德

秘书在使用手机时，一定要遵守社会公德，切勿使自己的行为干扰到他人。

知识窗

使用手机的公德礼仪

- 在公共场合，秘书尽量不要使用手机，应使其处于静音或振动状态。如果需要与他人通话，应寻找僻静处，切勿当众大声通电话。
- 在工作岗位时，要注意不因使用手机而影响工作或影响他人。秘书在办公时，尽量不要让手机发出响声，尤其是在开会、会客、谈判、签约以及出席重要的仪式、活动时，要自觉将手机关机或调成静音。在必要时，也可将手机存放在储物柜中或委托他人代为保管。

3. 保证通畅

使用手机主要是为了保证自己与外界的联系畅通无阻，秘书要尽量确保自己的手机处于可联系的状态。

（1）告诉他人自己的手机号码时，务必准确无误。

（2）如果自己的手机号码有变动，应及时通知重要的商务交往对象，以免双方的联系中断。

（3）对于未接电话，看到提示后应及时与对方联系。没有特殊原因，与对方再次联络的时间不应超过五分钟。

（4）拨打他人手机后或等待回电时，应保持耐心。在此期间，不宜再同其他人进行联络，以防占线。

4. 尊重隐私

不应随便打听他人的手机号码，更不应不负责任地将他人的手机号码转告别人或是对外界广而告之。

5. 注意安全

使用手机时不可妨害自己或他人的安全。

（1）按照法律要求，在驾驶车辆时不能使用手机通话或者查看手机，以免引发交通事故。

（2）乘坐飞机时，飞机起降时必须自觉地关闭随身携带的手机，飞行途中可根据航空公司规定启用飞行模式状态使用手机。

（3）不可在加油站使用手机，以防引起火灾。

（4）在一切标有“禁用手机”文字标识的地方，均须遵守规定，不使用手机。

6. 使用手机短信的礼仪

（1）在公共场合接收短信时，手机应设置为振动状态。

（2）在和他人洽谈时，不可一边和对方谈话一边查看手机短信。

（3）不要编辑或转发不健康的短信。

思考与练习

一、简答题

1. 常见的称呼方式有哪几种？在使用称呼时应注意哪些禁忌？
2. 与他人交谈时，应如何选择话题？
3. 怎样才能使自己成为受人欢迎的来访者？
4. 简述接打电话的礼仪。

二、案例分析题

1. 小李的迷茫

小李是某大学的高才生，毕业后应聘到一家外贸公司工作。不久，上司派他去接待一位英国客户。在几天的接待工作中，小李凭借流利的英语口语和丰富的历史知识，赢得了客户的好感。在正式的贸易会谈中，小李自恃与客户熟稔，大模大样地坐在了英国客户的身旁，没有注意到客户自带的翻译就在身后。上司向小李示意，但小李浑然不觉，上司只好命令小李坐回他该坐的位置。众目睽睽之下，小李尴尬万分，但不知自己哪里做得不对。

问题：你知道小李犯了什么错误吗？他应该坐在哪里？

2. 责备的目光

小谢大学毕业后在某公司就职当秘书，她性格开朗、活泼，朋友非常多。朋友多，电话自然也很多，小谢上班时经常要接一些私人电话。接到朋友的电话，小谢总是很高兴，她常常旁若无人地与朋友谈笑，似乎总有说不完的话，可是，她没有察觉到周围同事投来的责备的目光。

问题：请谈谈小谢周围同事为什么投来责备的目光。

第四章 | 秘书办公室礼仪

学习目标

- 了解秘书人际交往礼仪的基本要求
- 掌握秘书办公区域礼仪的基本要求
- 掌握秘书文书礼仪的基本要求

秘书在办公室里的待人接物、一言一行，不仅会影响到工作能否顺利进行，而且还会影响到自己在单位内部的形象。为此，秘书应熟悉和掌握相关的办公室布置礼仪、办公室人际交往礼仪、办公室公共区域礼仪、办公设备使用礼仪以及文书礼仪等。

案例引导

小李是A公司的秘书，她习惯于每天提前十五分钟到办公室。周一早上，她刚进办公室，负责打扫卫生的王阿姨慌里慌张地跑过来告诉小李，早上她来办公室打扫卫生时发现销售部的计算机、打印机、传真机等所有的办公设备都没关，但不知道周五是谁走得最晚。小李听后，赶紧来到销售部办公室，查看相关的办公设备特别是计算机有没有损坏，还好，似乎没有出现异常。小李想，今天应该向办公室建议组织一次办公设备使用礼仪的培训。

想一想：

1. 小李的同事错在哪里？
2. 说一说你所知道的办公设备使用礼仪。

第一节　办公室布置礼仪

办公室是秘书处理日常工作的重要场所，创造一个良好的办公室环境是保证秘书工作效率的重要前提。秘书的办公室通常由办公桌、文件柜、电话机和办公环境四个部分组成，布置时要做到整洁、美观。

一、办公桌的布置礼仪

为了反映秘书良好的工作态度，秘书的办公桌桌面应保持干净、整洁，物品的摆放要井然有序。

为保证办公桌上有足够的空间，各种不常用的书籍和办理完的文件材料，应根据日期和内容装订起来整齐地放置在抽屉或文件柜中。

下班时，除台式计算机和少量可放置在桌面上的物品（正在处理的工作资料、笔筒、便笺、常用的书和资料）以外，其他物品和资料都应收起来或放入抽屉中。

二、文件柜的布置礼仪

文件柜内的文件要及时清理、归档，建立目录，使之系统化、条理化。一些重要的文件、清单、保险单、账簿等，应放置在保险柜里，以防泄密和遗失。所有的商务文件和票据，工作人员均不得私自带出办公室。

知识窗

办公室文件柜的摆放

摆放办公室文件柜时，应以利于工作为原则。通常办公室文件柜的摆放方式有两种：一是靠墙摆放，其优点是节省空间；二是靠近秘书工作的位置摆放，其优点是便于随时查找资料以及整理、存放文件。

三、电话机的布置礼仪

摆放办公室电话机时，应以便于接听为原则。通常电话机应摆放在办公桌的右前边缘；如果几部电话机同时摆放在一张办公桌上，应把它们放在办公桌的左右前边缘。电话机要避免落满尘土或沾染污垢，秘书应经常清理、擦拭。

四、办公环境的布置礼仪

第一，办公室的地面要保持清洁。

第二，办公室的装饰要符合企业自身的特色，可在墙壁上悬挂一些字画和工艺品作为装饰。

第三，办公室的门不要关闭过紧，也不能用布帘遮挡，以免来访者误以为室内无人办公。如果夏天开空调必须关门时，应在门口悬挂“正在上班中”的提示牌。

第四，如果办公室宽敞，可放置绿色植物装点办公室，但一般不放置盛开的鲜花。

第五，办公室的窗户要经常打开换气，以保持工作场所的空气清新。

第二节　办公室人际交往礼仪

秘书一般担任的是桥梁的角色，在工作的过程中，如果能创造良好的人际关系，营造愉悦的工作气氛，不仅能提高工作效率，还能让同事们心情舒畅。为此，秘书应处理好与上司、同事之间的关系，并掌握处理办公室人际关系的技巧。

一、秘书与上司相处的礼仪

1. 与一位上司相处的礼仪

（1）适应上司的工作习惯

秘书要尽快适应上司的工作习惯与工作方式，如观察上司文件放置习惯等。只有这样，经过一段时间的磨合后，双方才能建立默契的上下级关系，从而提高工作效率。

（2）与上司保持适当的距离

秘书应与上司保持适当的距离，如在办公室不可对上司过于殷勤，否则不仅不会讨好上司，还会引来同事的非议；不要过问上司的私事；超出自己工作范围内的事情不要向上司打听，尤其涉及公司计划安排的事情；秘书的言谈举止要注意分寸，不可与上司过分亲昵，一般不在私下里谈工作，不单独与上司去工作场合以外的地方。

2. 与多位上司相处的礼仪

（1）从工作出发，尽力维护上司的威信与上司之间的团结，思想上或情感上均不可表现为倾向于某一位上司。

（2）当上司之间产生分歧时，应从工作角度出发，协助沟通，维护上司之间的团结。

二、秘书与同事相处的礼仪

1. 尊重同事

秘书要处理好与同事之间的关系，最重要的原则是尊重同事。同事之间的关系是以工作为纽带的，一旦失礼，创伤就难以愈合。

2. 关心同事

当同事遇到困难时，应主动问询，尽力帮助对方，这样有利于增进双方之间的感情，使双方的关系更加融洽。

3. 不议论同事的隐私

不要在背后议论同事的隐私，背后议论他人的隐私，会损害他人的名誉，引起双方关系的紧张甚至恶化。

4. 主动道歉

同事之间经常相处，一时的失误在所难免。如果出现失误，应主动向对方道歉，请求对方的谅解；对双方的误会应主动向对方说明，对待同事所犯的错误应该宽容。

知识窗

秘书与同事相处的禁忌

- 切忌拉小圈子，凭借自己所处的位置散播小道消息。
- 切忌情绪不佳时，把办公室当作与同事倾诉心声的场所。
- 切忌在办公室过分炫耀自己的衣着打扮。

三、创造办公室良好人际关系的技巧

1. 委婉向上司陈述意见

在工作过程中，如果对上司的决定有不同意见时，可运用适当的沟通技巧与上司进行有效沟通，具体内容见表 4-1。

表 4-1　与不同类型上司沟通的技巧

上司类型	特点	沟通技巧
独裁型	把握全部决策权，绝不允许下属直接参与决策，喜欢顺从型下属	与独裁型上司沟通时，应一事一议，尽可能简明扼要，可使用“是，我了解了”类型的句式
理论型	允许下属有限度地参与决策的上司，喜欢向下属求证	与理论型上司沟通时，应准备充分的论证理由，不可使用“我觉得好像……”类型的句式，应使用“因为……所以……”之类的论述性语言
民主型	喜欢提案型的下属	与民主型上司沟通时，应带有自己的意见，另外要准备替代方案，可以使用“我还有另外一个方案……”类型的句式
放任型	喜欢把权力分散下去，善于调动广大员工的积极性，喜欢积极型下属	与放任型上司沟通时，应积极主动，可以使用“我把这份资料做好了……”类型的句式
自由型	能给予下属充分自主的工作空间，喜欢选择型下属	与自由型上司沟通时，可以自己决定工作的时间，可使用“我明天上班之前把材料交给您可以吗?”类型的句式

2. 虚心吸取其他同事成功的经验

应多听取其他同事的见解，从他们的经验中吸取可借鉴之处，这样不仅可以使自己少走弯路，更会让其他同事感受到秘书对他们的尊重。

3. 主动对新同事提供善意的帮助

新同事对自己的工作还不熟悉，希望得到同事的指导，在他们最需要得到帮助时，秘书伸出援手，往往会让他们心存感激，并且会在今后的工作中更加主动地配合秘书的工作。

4. 保持乐观向上的心态

秘书从事的是繁杂的办公室工作，要时时保持乐观向上的心态。乐观向上有助于营造和谐的人际氛围，从而促进工作的开展。

第三节　办公室公共区域礼仪

办公室公共区域是指办公楼内的楼道、电梯、卫生间等公众共有共享的区域，也是人们公共交往的地方。掌握并遵循公共区域礼仪，有利于营造良好的办公和交往环境。

一、进出门礼仪

无论进出办公大楼的楼门，还是进出办公室的房门，都应遵循轻推、轻拉、轻关门的原则。进入他人的办公室，一定要先敲门，敲门时一般用食指有节奏地轻叩两三下即可。与多人一起进出门时，应讲究顺序。

知识窗

进出门的顺序礼仪

确定进出门顺序的基本原则为：职位低的人为职位高的人开门，男士为女士开门，主人为客人开门。秘书在陪同上司或客人进出房门时，应按照基本原则视门的情况随机应变地为对方开门。无论进出哪一类的门，在接待引领时，运用的手势要规范，同时结合使用“您请”“请走这边”“请各位小心”等提示语。

二、乘坐电梯的礼仪

1. 注意安全

（1）随客人或上司来到电梯门前时，应先按电梯开门按钮。

（2）当电梯关门时，不要抢时间扒门或者强行挤进、挤出。

（3）电梯人数接近超载时，不要心存侥幸，非进不可。

（4）电梯在升降途中因故暂停时，应按紧急呼叫铃，不要鲁莽行动。

2. 注重次序

（1）如果与陌生人同乘电梯，谁较接近电梯门口，谁先上下电梯，依次出入，以免挡路。如果搭乘较为拥挤的电梯，电梯门一开启，即使不是自己要去的楼层，只要自己站在最外面，也要主动先出去，方便后面的人有空间走出来。

（2）如果与上司、客人同乘电梯，应视具体情况而定。进入有人管理的电梯时，秘书应让上司、客人先进先出，以示尊重；进入无人管理的电梯时，秘书应先进后出，以便控制电梯门的开关。

3. 注重电梯内的礼仪

（1）进入有人管理的电梯时，应迅速自报楼层，并表示感谢；进入无人管理的电梯时，要先按楼层，如有不便，也可礼貌地请他人代劳。

（2）进入电梯后站立的位置要合适，不可站在电梯门口妨碍他人出入；去往较高楼层时，要尽量靠电梯里面站；人少时，应适时调整位置，以不影响他人出入为准。

（3）在电梯内尽量侧身面对客人，应尽量减少动作及控制动作幅度，以免影响他人。

（4）在电梯内应保持安静，尽量不谈公事或聊天，更不能高谈阔论。但秘书接待客人时，如果电梯内人员较少，为缓和气氛，可适度寒暄。

（5）到达指定的楼层前应提前换到电梯门口，以免电梯到达楼层后再匆忙从他人身边挤出去。

三、上下楼梯的礼仪

1. 遵循单行行进的原则

因为楼道一般比较狭窄，上下楼梯时并排行走会妨碍他人通行，所以应靠右侧单行行进，且不宜东张西望，也不便过多交谈。

2. 遵循前方为尊的次序原则

上下楼梯时，次序上前方高于后方，以前方为尊。一般情况下，应让客人走在前面。但如果客人是一位女士，而女士又身着短裙，秘书要走在女士前面。

四、到他人办公室拜访的礼仪

1. 无论办公室的门是开还是关，进入前都应先敲门，得到允许后方可进入。

2. 进入办公室后，要等主人示意后才能入座。

3. 如果谈话过程中对方有来电，应询问是否需要自己回避。

4. 将文件、茶杯等放在办公室的桌上或需要挪动椅子，须征得主人的同意，离开时应将挪动的椅子归位。

5. 如果需要使用他人的办公室或办公设备，应事先征得主人的同意，但不要乱翻他人的抽屉或文件，也不要偷看桌上的文件。

6. 拜访时不要停留过久，以免影响他人工作。

第四节　办公设备使用礼仪

在办公活动中，包括秘书在内的任何人使用办公设备时，都应遵循相关的礼仪规范。

一、计算机的使用礼仪

1. 注意保养计算机

尽量少使用移动存储设备，如果使用则要先杀毒。计算机的防病毒软件要定期升级，存储内容要定期清理等。

2. 合理使用计算机

秘书使用计算机时要爱惜，不能随意增删文件和程序，使用完毕要及时删除无关文件，如需在计算机上保存个人文件，要予以说明。

3. 出现故障要及时修复或说明

计算机在使用过程中如出现故障应及时修复，不能放任不管。如果个人无法修复要及时说明和报告，以免影响他人使用。

4. 不要把计算机当作娱乐工具

不要在工作时间把计算机当作娱乐工具，不要用来下载歌曲、电影，不能浏览与工作内容无关的网页等。

5. 注意文件的保密，不私自查看别人的文件

秘书的文件，尤其是重要的文件应注意保密，必要时应为文件设置密码。秘书在使用计算机时也不应私自查看别人的文件，这既是秘书最基本的职业道德，也是最基本的职场礼仪。

二、复印机的使用礼仪

1. 遵循先来后到的原则

复印机是办公室使用频率较高的公用设备，当与其他同事在使用时间上发生冲突时，应遵循先来后到的原则。但当后来者印数比较少时，可让其先印。

2. 不复印私人资料

在办公室复印私人资料，一是占用了公家的资源，易让他人产生此人爱占小便宜之感；二是复印的个人资料较多，会影响到自己和他人的正常工作。

3. 认真处理卡纸和换碳粉问题

在复印过程中，如遇卡纸或碳粉用完时，应做相应的处理。不知如何正确处理时，应请相关人员帮忙。

4. 注意保存原件

复印完毕后，要将原件拿走，否则容易丢失原稿或泄密，给工作带来不便。使用后，要及时将复印机设定为节能状态。

5. 自觉登记

公用复印机如有使用登记单，在使用后要自觉进行登记。

三、传真机的使用礼仪

传真机的使用礼仪大体和复印机使用礼仪一致，但传真机的使用礼仪还包括发送和接收传真的礼仪。

1. 发送传真的礼仪

（1）发送传真前应通过电话确认对方是否方便接收传真，尤其当对方的传真机是公用的或手动确认接收的传真机时，这点就更为必要。

（2）发送传真时为方便接收者准确接收，应制作传真件的封面，或在传真资料上注明接收单位、部门和接收者姓名。

（3）传真件的文件不可太长，通常应控制在十页以内，太长的文档应选择其他发送途径，如通过快递或网络发送等。

（4）不宜使用公用传真机发送涉密文件。

（5）传真信件要注意格式、称呼和敬语，信尾还应有署名。

（6）传送完毕要打电话给对方，确认对方是否完整收到。

2. 接收传真的礼仪

（1）对方要发送传真时，应及时给对方传真信号。

（2）接到传真后应立即办理，以防误事。秘书对收到的传真应做如下的处理。

1）认真阅读传真件，判断是否应由上司处理。传真内容为外文的，应及时译出。

2）对传真件按待批件、待阅件以及紧急件、非紧急件进行分类，并写明文件摘要，便于上司批阅。

3）将上司批示意见复印后转发，呈送给相关部门，必要时要进行追踪，以获得反馈结果。

4）对重要传真件要进行整理存档。

第五节　文书礼仪

除了各种事务活动、业务往来和公关应酬以外，秘书的礼仪知识、礼仪修养还体现在书面交往之中。因此，秘书应掌握各类文书的礼仪知识。

一、电子邮件的使用礼仪

电子邮件作为一种便捷的交流方式，已成为当今秘书工作中不可缺少的一部分。为了使电子邮件尽可能达到与面对面沟通同等的效果，秘书应掌握相关的礼仪规范。

1. 电子邮件的基本礼仪

（1）主题明确

发送电子邮件时，应用简短的文字概括出邮件的内容并填在主题栏内，以便收件人权衡邮件的轻重缓急。对于回复的邮件，需要重新添加、更换邮件主题，为达到一目了然的效果，最好写上“来自 ××× 公司 ×××（姓名）的邮件”。

邮件的主题一定要清晰明了，避免使用诸如“你好”“嘿”“请查收”等简略语。

（2）格式规范

电子邮件是一种文字沟通方式，具有一定的文书规范。正式的电子邮件的文体格式类似于传统书信，由称谓和问候语、正文、结尾三部分组成。

1）称谓和问候语。电子邮件的称谓应顶格书写，正式的邮件用“尊敬的 ×××”

或者“××× 先生 / 女士”等称谓。

问候语在称谓之后另起一行，空两格，可以写“您好”“最近工作一定很忙吧”等。

2）正文。电子邮件的正文篇幅要宁短勿长，以便对方集中注意力阅读。对需要对方回复或转发的邮件，更要仔细斟酌。如果在电子邮件中添加了附件，则需要在正文中注明“参见附件”，以便提醒对方及时查收。

3）结尾。电子邮件的结尾要有祝福语，或使用“此致”“敬礼”等规范用语。在电子邮件的最后应注明发件人的姓名、职务和单位（公务邮箱最好设置规范的个人签名栏，方便收件人对发件人的信息做全面的了解），在邮件的结尾注明发件人的信息，既是一种礼节，又可方便收件人与发件人联系。另外，最后应在署名人的下方靠右的位置附具体日期。

（3）定期查收、及时回复

为了保证电子邮件的及时性和有效性，秘书应每天查收电子邮件，收到邮件后，应及时给予回复或征求上司的意见再回复。

2. 电子邮件的处理

（1）分类保存邮件。根据邮件类型或按具体项目设置子文件夹，如急阅件、待处理件、须知、通知、报表、报告、总结、新闻、通报等。

（2）分类处理各类邮件。将收件箱中的邮件过滤，删除不必要的邮件，然后进行分类。如果需要上司本人阅读的，就存入相应的文件夹。如果是需要根据上司授意回复的邮件，则要协助上司在规定的时间内处理相关事宜。如果是以上司的名义回复，则要在语气上予以注意，并从上司的电子邮箱发出；如果是以秘书的名义回复，则要说明邮件内容为上司授意。

（3）如果发出的邮件需要追踪结果或是确认对方是否收到，可设置回执。如果对方未能及时回复，应打电话了解情况。

（4）如果邮件需要上司审阅或批改，则要打印出来送给上司，然后负责回复或传达。

二、即时通信工具的使用礼仪

如今，在商务场合，使用 QQ、微信等即时通信工具的人越来越多，要有效利用这些即时通信工具，充分发挥它们的作用，使用时应注意相应的礼仪规范。

1. 塑造符合身份的网络形象

（1）用户名和头像

即时通信工具的用户名和头像是使用者形象的外在表现，因此要注意即时通信工具用户名和头像的使用，最好是实名制或者使用比较固定的网名，头像应清晰美观，不要选择怪异、抽象的图案。恰当的用户名和头像能给人可靠、值得信任之感。

（2）签名

为了便于交流，建议在 QQ、微信的签名栏上署名或署上公司的名称，这样可以提高识别度、促进联络。

（3）字体

为了塑造良好的网络形象，使用即时通信工具联系工作时，应恰当使用字体，不要使用超大字体、动态字体、过于强化的粗体字或斜体字，也不要选择炫彩或刺眼的字体颜色。

（4）表情

网络表情是日常生活的艺术化表达，被喻为语音与文字以外的第三种语言。富有创意、精心为聊天场景制作的表情，不仅可以增加用户在聊天中的乐趣，还能收到意想不到的表达效果。但工作中使用即时通信工具时，需谨慎使用表情，否则容易让对方不理解或产生误会。

（5）语言

使用即时通信工具时，应视同为与对方面对面进行交流，因此也需要有必要的称呼、介绍、问候、祝愿和告别等环节。进入聊天主题之前应先打招呼，离线之前应和对话者告别，发送消息之前应先检查语法、用词是否正确。为了塑造良好的网络形象，秘书需要注意语言的运用，要有礼、优美、谦恭，且不可以违反法律、规章、制度等。

2. 仔细审核待发内容

即时通信工具具有快捷、及时性的特点，消息发送后一般不便更改。因此，使用即时通信工具发送重要的内容前要“三思”，仔细核对清楚，不要发送错别字和容易引起歧义、误解以及泄露商业机密的内容。

3. 学会使用“状态”

如果正忙于紧急工作，无暇顾及即时通信工具时，为避免让对方产生被冷落的错觉，可以将自身的网络状态设置成“忙碌”“外出就餐”“接听电话”“隐身”等。

4. 确保公私分开

在工作时间，为避免影响他人工作和影响自身工作形象，不要使用即使通信工具进行私人话题的闲聊。

5. 主动与好友进行互动交流

一旦在即时通信工具上与他人成为好友，则不宜长时间“深潜”，应主动在对话框或朋友圈中互动交流。节日时也可以向好友发送祝福留言，拉近彼此的关系。

6. 要事不宜留言

重要且需要及时得到回复的内容，不宜采用即时通信工具留言的方式，而应采用电话或见面交流的方式。在日常的即时通信工具交往中，如果对方未能及时回复，应予以提醒，不宜责备埋怨对方。

7. 群聊礼仪

（1）自我介绍不可或缺

如果刚加入一个大家都不熟识的群，自我介绍是不可或缺的。同时，要根据需要及时更改群昵称或者头像，以便群友了解和相互交流。

（2）切忌公群私聊

即时通信群就像是一个主题茶馆，聊天内容要切合主题，私密的话题可以加对方好友进行私聊，切不可因为个人话题而打扰大家。

（3）切忌谈论和转发敏感话题

不要盲目转发未经验证、无法判定真实性的信息，更不要转发涉及政治的敏感话题。

（4）建群需征得同意

如果建群，请使用清晰明了的群名称，同时向入群朋友明确建群目的，建立完善的群管理制度，降低沟通成本。拉人入群之前一定要征求被拉对象的意见。

（5）退群需谨慎

如果感觉某一个主题群不适合自己，可以私下与群主沟通或向群友表明个人意愿或退群的原因后优雅退群。

三、商务书信礼仪

信函沟通是更加传统和正式的沟通方式，但使用时应注意其礼仪要求。

1. 信封和信纸要求

（1）信封的书写应有固定的格式

国内邮件应统一使用邮政管理部门监制的信封。信封书写应符合邮政管理部门对书写格式的要求，收件人的邮政编码、地址、姓名以及寄件人的地址、邮政编码的书写要清晰。邮政编码要规整地写在对应的方格内以方便机器分拣。

国际邮件横式信封的书写格式为：收件人的姓名、地址、邮政编码写于信封中央偏右，寄件人的邮政编码、地址、姓名写于左上角。

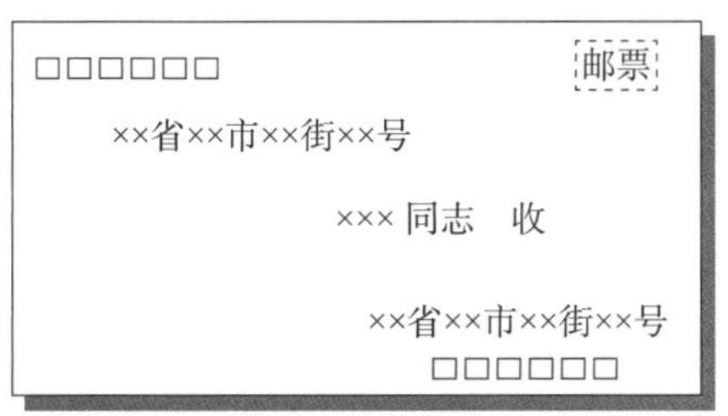

国内邮件的书写格式

国际邮件的书写格式

（2）对信封与信纸的选择应予以重视

写信时应选择能体现商务特色的信封和信纸，且质量要优良。信纸的折叠要符合工作信件的要求，通常的折叠方式是将 16 开信纸横向均匀折成三段长方形，并使信纸上端压住下端。这种折叠方式的好处是收信人打开信封拿出信纸展开后，首先看到的是称谓。如果信封横向长度小于信纸宽度，则可将信纸在横向四分之一处再折叠一次。

（3）重要信函应慎重对待

重要信函的复印件要归档备案，邮寄时要采用挂号的方式，邮资要贴足，信封上的地址、姓名和格式不可出错，信函的包装封口要严密结实。信函寄发之后，应在函件收发记录上详细登记，并保存挂号信函的收据。

知识窗

国际邮件

国际邮件收信人的姓名、地址必须用蓝色或黑色墨水书写，不可用红墨水书写。信封上的单位名称如果是红色印刷的，也不能用来寄发国际及中国港澳台地区的邮件。邮票应粘贴在信封的右上角，如果是粘贴多枚邮票，可将全部邮票粘贴在信封背面。

2. 信函内容的要求

工作信函内容的总体要求是称呼礼貌、字迹清晰、内容简洁、用词和语法正确、格式完整，具体表现为以下几个方面。

（1）称谓

称谓要写在信文的开头，单独成行、顶格书写；称谓要恰当、准确，体现出对收信人的尊重。

（2）结束语

结束语可分两行写，如在正文下一行空两格写“此致”，再另起一行顶格写“敬礼”，也可在正文下一行空两格直接写：“祝您工作顺利！”结束语要能体现出对收信人的敬意或祝福。

（3）署名

署名写在结束语下一行的右下方。署名要写全名，如果使用打印的信文，署名部分要手写签名，以表示诚信和礼貌；单位或部门署名则可以用打印机打印，同时加盖公章。

（4）日期

日期写在署名的下方，应写清楚写信的年月日。

四、特殊书信的书写礼仪

1. 介绍信的书写礼仪

介绍信是政府机关、社会团体、企事业单位派人到其他单位联系工作、了解情况或参加各种社会活动时用的函件，它具有介绍、证明的双重作用。介绍信可分为书写式介绍信和印刷式介绍信两种形式。印刷式介绍信只要在空白处按要求真实准确地填写有关内容即可，而书写式介绍信则有固定的格式，书写时应遵循相应的礼仪规范，其具体的格式要求见表 4-2。

表 4-2　介绍信的格式要求

格式	要求
标题	以文种作为标题，即在信纸的第一行居中写“介绍信”
称谓	称谓为联系单位的名称（全称）或个人姓名，写在第二行顶格位，称谓后要加冒号
正文	正文在称谓之后另起一行，空两格写正文的内容
结尾	在正文下一行空两格写“此致”，再另起一行顶格写“敬礼”
署名	由出具介绍信的单位署名，写在结尾的右下方
日期	日期为成文的时间，写在署名的下方，同时加盖公章

介绍信的内容主要包括三项：说明被介绍者的情况，如果被介绍者不是一人还需要注明人数；说明接洽或联系的事项；向接洽单位或个人所提出的希望和要求等。

2. 证明信的书写礼仪

证明信是政府机关、社会团体、企事业单位或个人为证明有关人员的身份、经历及其与某事件相关联而出具的信函，它是进行联系和沟通的常用信函。证明信有固定的格式，书写时应遵循相应的礼仪规范，其具体的格式要求见表 4–3。

表 4–3 证明信的格式要求

格式	要求
标题	格式一：单独以文种作为标题，即冠以“证明信”“证明”等字样，写在首行的居中位置上 格式二：由文种和事由共同构成标题，如“关于 ××× 同志 ×× 情况（或问题）的证明”，写在首行的居中位置上
称谓	以受文单位名称或受文个人的姓名为称谓，写在第二行顶格位，称谓后要加冒号。假如没有固定的受文者，开头可以不写受文者称呼，而是在正文前用公文引导词“兹”引出正文内容
正文	正文在称谓之后另起一行，空两格写正文的内容
结尾	在正文之后另起一行，顶格写上“特此证明”四个字
署名	由证明单位或证明人署名，写在结尾的右下方，同时加盖证明单位公章或证明人私章，否则证明信将无效
日期	日期为成文的时间，写在署名的下方

证明信的内容要清楚地表达出所要证明的内容，如果要证明某人的历史问题，应写清人名、何时、何地及所经历的事情等；如果要证明某一事件，则要写清事件本身的前因后果，参与者的姓名、身份及其在此事件中的地位、作用等。

3. 慰问信的书写礼仪

慰问信是以组织或个人的名义向对方表示关怀、慰问的特殊信函。慰问信有固定的格式，书写时应遵循相应的礼仪规范，其具体的格式要求见表 4–4。

表 4–4 慰问信的格式要求

格式	要求
标题	格式一：单独以文种作为标题，即冠以“慰问信”三个字，写在首行的居中位置上 格式二：慰问的对象和文种共同构成标题，如“致中国人民解放军驻 ×× 省部队全体指战员的春节慰问信”，写在首行的居中位置上

续表

格式	要求
称谓	称谓为慰问对象的全称，为表示尊重，可在对象的前面加上“敬爱的”“亲爱的”或“尊敬的”等字样。称谓写在标题下一行的顶格位置上。如果对象多，要一一写进去
正文	正文在称谓之后另起一行，空两格写正文的内容
署名和日期	写在正文的右下方，分两行写

慰问信的正文内容因对象和目的不同而不同。通常情况下，慰问信的正文应包括以下几个方面：一是为什么向对方发慰问信，即发文的目的；二是要比较全面而具体地叙述对方的英雄事迹或对方所遭受的困难，即慰问的缘由或慰问的事项；三是表现出发信方的钦佩或同情之情；四是表示共同的愿望或决心。

4. 推荐信的书写礼仪

推荐信是向单位或个人荐举人才的书信，也可以是向某单位的自荐。写推荐信时，态度要诚恳，内容要属实，语气要谦恭。推荐信有固定的格式，书写应遵循相应的礼仪规范，其具体的格式要求见表 4–5。

表 4–5　推荐信的格式要求

格式	要求
标题	以文种作为标题，即在信纸的第一行居中写“推荐信”
称谓	称谓为推荐的单位名称（全称）或单位负责人的姓名，写在第二行顶格位置上，称谓后要加冒号
正文	正文在称谓之后另起一行，空两格写正文的内容
署名和日期	指推荐人姓名和写信日期，写在正文的右下方，分两行写

推荐信的正文内容一般为先简单问候，然后再介绍被推荐对象的情况，最后写明要求和祝愿。

5. 请柬的书写礼仪

请柬是用于邀请客人参加庆典、纪念活动、宴会、展览或重要会议的一种通知书，也称请帖、柬帖或邀请书。从印刷和书写格式看，请柬可分为横式和竖式两种。但不管采用哪种形式，请柬都必须将举办活动的名称、时间、地点、主办单位（人）、被邀请人书写清楚。完整的请柬包括封面、正文、结尾、署名和日期四个部分，其具体的格式要求见表 4–6。

表 4-6 请柬的格式要求

格式	要求
封面	封面一般为对折式，用大号字体印上或写上“请柬”或“请帖”，也可将“请柬”或“请帖”二字和正文合在同一面上
正文	正文是请柬的主体，要写明受邀请人的姓名，拟举行活动的名称、时间、地点。如有其他事项，可写“附言”，如乘车路线或“附入场券 ×× 张”“席次：第 × 桌”等
结尾	结尾写上“敬请”“恭候”等字样，再另起一行写上“光临”“莅临”字样，竖式请柬用语一般更为文雅
署名和日期	写明邀请者姓名或邀请单位的名称，再另起一行注明日期

请柬的内容要清楚明白，措辞要儒雅、热情。请柬写好后，一般都应加信封，既可邮寄也可递交。无论是邮寄还是递交，都要把握好请柬发出的时间，最好提前一周发出，以便受邀者安排时间。

6. 贺信的书写礼仪

贺信是向对方表示祝贺、赞颂的礼仪类文书，常用于集会、节日、庆典、竣工、就任、寿辰等场合。贺信有固定的格式，书写时应遵循相应的礼仪规范，其具体的格式要求见表 4-7。

表 4-7 贺信的格式要求

格式	要求
标题	以文种作为标题，即在信纸的第一行居中写“贺信”或“贺电”
称谓	称谓为被祝贺单位的全称或个人的姓名，写在第二行顶格位置上，称谓后要加冒号
正文	正文在称呼之后另起一行，空两格写内容
结尾	表达热烈的祝贺和祝福之意，有时也会提出希望，如“祝大会圆满成功”“希望再创辉煌”等
署名和日期	在右下方书写祝贺单位或个人姓名，并注明日期

贺信的正文根据内容而定，如果是用于庆祝活动的，在表示祝贺的同时，应对祝贺对象做出的成绩、取得的成就给予充分的肯定，并加以鼓励、提出希望；如果是祝贺重要会议的召开，应说明会议的内容及其重要性；如果是祝贺寿辰，应先精练总结对方的品德和贡献，再表示祝贺。

写贺信时，内容要客观，文字要明快，感情要充沛。有的贺信还要通过登报或广播公之于众，以提升表扬和鼓舞作用。

思考与练习

一、简答题

1. 简述办公场所的布置礼仪。

2. 简述秘书与上司的相处礼仪。

3. 简述秘书乘坐电梯的礼仪。

4. 简述书写介绍信的礼仪。

二、实践题

1. 李明是A技工学校计算机专业毕业班的学生，从今年7月开始到明年的7月要到B公司实习一年。如果你是该校办公室的秘书，请你给李明写一封介绍信。

2. 王华是A职业技术学校计算机专业2019届毕业生，最近在B公司找到了一份工作，但B公司的人事制度规定公司只聘用已毕业的学生，可王华的毕业证在前段时间不慎遗失了。如果你是该校办公室的秘书，请你帮王华出具一份毕业证明。

三、案例分析题

小李是某公司总经理办公室的秘书。这天她收到某客户发来的传真，说有三位同事要到上海，请帮助安排接机并预订宾馆。小李向总经理汇报后，总经理派她处理这件事，小李办理完毕后马上用传真回复对方都已安排妥当。此后，她又多次发送传真与对方联系，落实相关事宜。在这次接待过程中，小李的服务热情周到，客人很满意。客人离开上海后，小李整理出这次接待过程中的八封往来传真，并做出了正确处理。

问题：从下列选项中选择一个你认为是小李所做处理的选项，并说明理由。

A. 将传真立即销毁

B. 先将这些传真保存起来再说

C. 在传真上注明“一年之后销毁”

part

05

第五章 | 秘书会议礼仪

学习目标

- 掌握秘书常规会议礼仪的基本要求
- 掌握秘书专题会议礼仪的基本要求

会议是指有组织地使人们聚集在一起，对某些议题进行商议或讨论的集会。会议是商务活动的重要组成部分，是秘书日常工作中必不可少的活动。

案例引导

某分公司要举办一个重要会议，请来了总公司董事会的部分董事和总经理，并邀请当地政府官员和同行业知名人士出席。由于出席的贵宾多，分公司领导决定将会议桌摆成U字形，安排分公司参会人员坐在U字横头处下首，其他参会人员坐在U字的两侧。会议当天，参会人员都按桌签找到了自己的座位就座。当坐在U字横头处的分公司领导宣布会议开始后，突然发现现场气氛有些不对劲，甚至有些贵宾借口有事起身离席，分公司领导不知道哪里出了问题，非常尴尬。

想一想：

1. 会议开始后现场气氛为什么不对劲？
2. 请指出本案例中会场布置的失礼之处。

第一节　常规会议礼仪

常规会议是一个组织必不可少的活动。在办会过程中，从环境布置到会议服务，对于各个环节的特定礼仪规范，秘书及相关办会人员都必须做出周全的考虑和周密的安排。

一、会前筹备礼仪

1. 确定会议主题

会议主题（包括会议名称）一般在会前由有关领导确定。负责筹备会议的工作人员则应围绕会议主题，将会议规模、会议时间、会议议程等内容组织落实。

2. 确定会议时间

选择会议时间要尽可能避开公众节假日，并考虑主要参会方的日程安排，尽量选择各方都能参加的时间。

3. 确定邀请对象

确定邀请对象时要考虑各种因素，与会者既要有与会资格，又要有参与的能力和水平。与会者并不是越多越好，只有那些与会议主题有直接关系的人员才需要出席。

4. 确定会议地点

选择会议地点要综合考虑会场环境、费用、设施、交通、停车等因素。在明确会议地点后，如需要安排与会人员住宿，筹备会议的工作人员应明确住宿人数，提前做好订房工作。

5. 布置会场

布置会场的根本目的在于营造与会议主题、性质相适应的会场气氛，以利于会议目标的达成。对于一般的小型会议，会议室要确保清洁、明亮，有足够的桌椅。而大型会议的会场准备则应全面考虑会标、会徽、标语、旗帜、花卉、灯光、座位、主席台布置、其他会议用品等因素，具体见表 5–1。

表 5–1　布置会场应考虑的因素

因素	具体要求
会标	● 会标格调要与会议主题相一致 ● 以横幅形式悬挂于主席台的正上方或背景板上，或用技术手段投影在屏幕上 ● 一般用红底白字或红底金字
会徽	● 会徽图案要简洁、易懂，寓意要深刻 ● 会徽一般悬挂在主席台的背景板中央
标语	● 标语在准备会议文件时就应拟订，并报请领导批准 ● 标语要简洁、有力、易记，具有宣传性和号召力
旗帜	● 主席台上的旗帜应挂在会徽两边，以示庄严隆重 ● 主席台的两侧插上对应的红旗或彩旗，可增添喜庆气氛 ● 会场门口和与会者入场的通道旁插上红旗或彩旗，可振奋与会者的精神
花卉	● 花卉的品种与颜色要符合会议的整体格调 ● 重大会议应选择本国原产的花卉作为主体花卉
灯光	● 灯光要明亮、柔和 ● 大型会议要设计多套灯光效果，以适应颁奖、摄影、演出等需要
座位	● 会场内座位的布局应根据会议的不同规模、主题，选择合适的桌椅摆放形式 ● 座次安排按与会者的职务高低、姓氏笔画、单位名称笔画或按上级批复或任命通知中的名单进行排列
主席台布置	● 主席台的座位要满座、不可空缺，原定出席的人因故不能来，要撤掉座位。每个席位上要放置桌签，座位不可排得太挤，主席台上不可摆放鲜花 ● 主席台的讲台应设于主席台前排右前方，讲台桌面大小应适中，如空间允许可适当放上一盆平铺的花卉 ● 发言席和主席台前排座位都应设有话筒，一般发言席和主持人的话筒为专用，主席台前排就座者合用两至三个话筒，并且一般置于主要领导面前
其他会议用品	准备相应的会议用品，如投影仪、白板、纸、笔等

注:《中央八项规定实施细则》中规定，会议活动现场布置要简朴，工作会议一律不摆放花草、不制作背景板。

6. 会议的座次安排

(1) 大型会议的座次安排

1) 主席台的座次安排。一是中央高于两侧；二是前排高于后排；三是左侧高于右侧（国际会议则为右侧高于左侧）；四是主持人位置可在前排正中，也可居于前排最右侧。

常见的主席台座次安排形式见表 5–2。

表 5–2　　常见的主席台座次安排形式

主席台成员人数	座次安排形式
主席台成员为奇数时	⑩⑧⑥⑦⑨ ⑤③①②④ 群众席
主席台成员为偶数时	⑧⑥⑤⑦ ④②①③ 群众席

2）群众席的座次安排。群众席的座次安排形式主要有两种：一种是自由式，即与会者自行择座，不做统一安排；另一种是按与会单位名称、与会者姓氏笔画顺序或汉语拼音字母顺序排位。

（2）小型会议的座次安排

小型会议座次安排有两种主要形式：一是自由择座，一般不设会议桌与固定座位，与会者自由择座；二是以会议桌为准，一般情况以距门较远的会议桌一端为主席之位，其他与会者的座次则应自右而左依次安排，具体见表 5–3。

表 5–3　　不同桌形的座次安排形式

桌形	座次安排形式	特点
长方形	主持人坐在会议桌一端的权威位置上	● 能突出主持人的作用 ● 会影响与会者之间的相互交流
圆形	随意就座	● 因没有权威位置而削弱了重要人物的地位 ● 不适合有演示内容的会议
U 字形	重要人物或贵宾坐在 U 字的横头处下首，其他人员坐在 U 字的两侧	● 适合有演示内容的会议

7. 通知与会者

以会议通知书的形式通知与会者参加会议。会议通知书的内容要详尽、明确，一般包括会议名称、主办者、会议内容（包括会议的目的、主题、议题、讨论提纲、议程等）、参加对象、会议时间（包括报到时间、会议开始时间和结束时间）、会议地点、回执或报名表等。

二、会中礼仪

1. 会议主持人的礼仪

主持人一般由具有一定职位的人来担任。主持会议期间，主持人应遵循以下礼仪规范。

（1）衣着整洁，端庄大方，精神饱满，口齿清楚，思维敏捷。

（2）步入主席台时步伐应稳健。如果以站姿主持，应双腿并拢，腰背挺直。单手持稿时，应以右手持稿件的底部中间，左手五指并拢并自然下垂；双手持稿时，应将稿件与胸齐高。如果以坐姿主持，应身体挺直，双臂前伸，双手持稿，手臂轻搭于桌沿。

知识窗

- 主持会议时，主持人要注意介绍与会者，控制会议进程和会议时间。
- 主持过程中，主持人切忌出现搔头、揉眼或抖腿等动作。
- 主持人对会场上的熟人不能寒暄闲谈，会议开始前，可对其点头或微笑致意。

2. 会议发言人的礼仪

会议发言人有正式发言人和自由发言人两种。前者一般是会议报告，后者一般是讨论发言。无论哪一种发言，发言人对于与会者的提问，都应礼貌作答；对于不能回答的问题，应机智而礼貌地说明理由；对于与会者的批评和意见，应认真听取，即使与会者的批评是错误的，也不应失态。会议发言人的礼仪细则见表 5-4。

表 5-4　会议发言人的礼仪细则

发言人类型	礼仪细则
正式发言人	1. 衣着整洁 2. 走上主席台时应自然，大方得体 3. 发言时应口齿清晰、讲究逻辑、简明扼要 4. 如果是按书面材料发言，要时常抬头扫视一下会场，不能只顾低头读稿，旁若无人 5. 发言完毕，应对与会者的倾听表示感谢

续表

发言人类型	礼仪细则
自由发言人	1. 发言应讲究顺序和秩序，不能争抢发言 2. 发言应简短，观点应明确 3. 与与会者有分歧时，应以理服人，态度平和 4. 听从主持人的指挥，不能只顾自己

3. 会议参加者的礼仪

会议参加者应衣着整洁，仪表大方，准时入场，按序落座，认真听讲，不做小动作；发言人发言结束时，应鼓掌致意；中途退场应尽量不影响他人。

4. 会议时间礼仪

会议应尽量准时开始，否则会引起与会者的不满。如果因为重要人物未到场而不能准时开始，那么会议组织者要向与会者说明原因或者临时安排其他项目。

三、会后礼仪

在会议结束后，秘书的礼仪性工作主要包括两个方面：一是与会议有关的事务性工作，如分发纪念品、组织与会人员合影留念以及参观活动等；二是形成会议文字记录或阶段性决议，汇报给领导并由专人负责相关事务的跟进。

第二节　专题会议礼仪

专题会议是指围绕特定的目的或主题召开的会议。秘书在商务活动中接触的专题会议主要有茶话会，网络、电视、电话会议，展览会和新闻发布会等。

一、茶话会礼仪

茶话会是以联络老朋友、结交新朋友为目的，用茶点待客，具有对外联络和招待性质的社交性聚会。茶话会是企业与社会各界沟通信息、交流观点、听取意见、增进友谊的一种重要渠道。在各类商务活动中，茶话会的社交色彩最浓，商业色彩最淡，因此在召开茶话会时所应遵守的礼仪规范有其自身的特点。

1. 明确主题

茶话会的主题是指茶话会的中心议题。为保证茶话会的成功举办，应根据召开茶话会的不同目的确定其主题。通常情况下，茶话会的主题可分为联谊、娱乐、专题三大类，各类主题茶话会的目的及特点见表 5–5。

表 5–5 各类主题茶话会的目的及特点

主题	目的	特点
联谊	与社会各界人士联络感情，加深友谊	● 是最为常见的一类茶话会 ● 宾主可通过叙旧与答谢来增进彼此间的了解，拉近彼此间的距离
娱乐	通过安排文娱节目或活动，活跃现场气氛，营造热烈而喜庆的氛围	● 所安排的文娱节目或文娱活动以与会者的自由参加与即兴表演为主 ● 重视现场气氛的营造，强调每个人的参与度
专题	通过听取某些专业人士的见解，或者同某些与主办单位存在特定关系的人士进行对话，收集对某一专门问题的意见	● 倡导与会者畅所欲言，并且不拘情面 ● 为了使会议进行得轻松而活跃，有时茶话会的专题可以宽泛一些，并且允许与会者的发言稍微超出专题范围

2. 确定来宾

主办单位应根据茶话会的主题，拟订好需邀请来宾的名单。通常，茶话会邀请的来宾主要有本单位代表、本单位顾问、合作伙伴、社会知名人士等。

3. 选择时间

茶话会的召开时间主要涉及举行的时机、举行的具体时间以及持续的时间三方面问题。

（1）茶话会举行的时机

茶话会举行的时机选择直接影响茶话会的效果。通常，适宜举行茶话会的时机有辞旧迎新之时、周年庆典之际、主办单位取得重大成绩或遭遇重大危机之时等。

（2）茶话会举行的具体时间

茶话会举行的具体时间主要以与会者尤其是主要与会者的方便与否为准。按照国际惯例，举行茶话会最为合适的时间是 16：00，其次是 10：00。

（3）茶话会持续的时间

茶话会持续的时间可长可短，要视内容、参加对象和现场发言人数以及发言是否踊跃来确定。通常情况下，茶话会持续的时间应控制在两个小时之内。

4. 选择地点

适宜举行茶话会的地点主要有主办单位的会议厅、宾馆的多功能厅等。

知识窗

选择茶话会地点的具体要求

餐厅、歌厅、酒吧等场所均不适宜用来举行茶话会。选择茶话会的具体场地时，需同时兼顾与会人数、支出费用、周边环境、交通安全、服务质量、停车车位、场地规模等诸多因素。

5. 布置场地

茶话会的场地布置要尽量雅致，布置时可以充分发挥鲜花的作用。适用于茶话会现场布置的鲜花有兰花、百合等，这些花颜色淡雅、品质高贵，能让来宾倍感舒适。

6. 安排座次

从总体上讲，在安排茶话会与会者的具体座次时，必须与茶话会的主题相适应，主要采取环绕式、圆桌式、主席式和散座式四种方式。茶话会座次安排的方式、特点及要求见表 5-6。

表 5-6　茶话会座次安排的方式、特点及要求

方式	特点	要求
环绕式	不设主席台，将座椅、沙发、茶几摆放在会场的四周，与会者在入场后自由就座	与茶话会的主题最相符，是目前最流行的茶话会座次安排方式

续表

方式	特点	要求
圆桌式	在会场摆放圆桌，请与会者在圆桌周围自由就座	当与会者人数较少时，在会场中央安放一张大型的椭圆形会议桌，请全体与会者围桌就座；当与会者人数较多时，在会场摆放数张圆桌，请与会者自由组合就座
主席式	主持人、主办单位负责人与主宾应被安排在一起就座	按照常规，主持人、主办单位负责人与主宾居于上座。茶话会的上座往往设在中央，在前排、会标之下或面对正门之处；也可在多张桌子之中为来宾设立主桌，但无须设立正规的主席台
散座式	座椅、沙发、茶几相对随意摆放、自由组合，甚至可由与会者根据个人意愿自行调节，随意安置	散座式适用于室外举行的茶话会，其目的是创造出一种宽松、舒适、惬意的社交环境

7. 准备茶点

茶话会的内容重“话”不重“吃”，因此，只向与会者提供茶点即可，而且会后也无须为与会者备正餐。尽管如此，主办单位在提供茶点时，仍应注意以下相关礼仪。

（1）茶叶和茶具

1）选择茶叶时，在力所能及的情况下，应挑选中等或上等品。

2）与会者的口味会有所不同，应多准备几种茶叶。

3）在选择茶具时，必须选用陶瓷器皿和成套茶具。茶具一定要完好无损，并且要清洗干净。

（2）茶点

除供应茶水以外，在茶话会上还可以为与会者准备一些点心、水果、糖果或地方风味小吃。茶点的品种要齐全，数量要充足，要便于取食。在上茶点时，最好同时上小毛巾或纸巾。

8. 进行议程

茶话会议程要按照一定要求进行，具体见表 5-7。

表 5-7　　茶话会议程要求

议程	具体要求
茶话会正式开始	1. 主持人请与会者就座并且保持安静 2. 主持人宣布茶话会正式开始 3. 主持人介绍主要的与会者
主办单位主要负责人讲话	1. 代表主办单位对全体与会者的到来表示欢迎与感谢 2. 阐明此次茶话会的主题 3. 恳请与会者今后一如既往地支持主办单位的工作
与会者发言	1. 与会者围绕茶话会的主题进行即兴发言，主办单位不应限制与会者的发言时间 2. 同一与会者可以数次发言，不断补充、完善自己的见解和主张
茶话会结束	1. 主持人对本次茶话会略做总结 2. 主持人宣布茶话会结束并散会

二、展览会礼仪

展览会是一种集声音（如讲解、交谈和现场广播等）、文字（如宣传手册、资料等）、图像（如照片、录像、幻灯片等）等多种传播媒介于一体的复合传播方式，具有直观、形象和生动的特点。秘书为了能够更好地组织或参加展览会，应遵循有关礼仪规范与惯例。

1. 组织展览会的礼仪

（1）联系展览地点

主办单位应根据展览会的主题，事先联系好展览地点，确定展览时间，制订展览方案，并成立相应的组织机构，选择通过广告、寄发邀请函、召开新闻发布会等适当的形式发布展览会信息。

（2）确定参展商

主办单位遵循自愿的原则进行招商。对于报名的参展商，主办单位应对其进行资格审核。名单确定后，主办单位应及时向相关参展商发出正式通知，以便参展商尽早做好参展准备。

（3）分配展位

主办单位根据参展商的需求和场馆的实际情况，对展位进行公平、公开、公正的分配。常见的展位分配方式有以下几种。

1）竞拍。主办单位根据展位的面积、位置等制定相应的价位，然后组织拍卖会，由参展商在会上自由角逐。

2）投标。参展商根据各自的情况自行报价，主办单位按照“就高不就低”的原则进行展位分配。

3）抽签。通过抽签确定各参展商的展位。

4）报名顺序。按照参展商正式报名时的先后顺序依次确定展位。

（4）做好保卫和其他辅助性服务

主办单位应保证参展商的财物安全，如果展会规模较大，应事先申请并由当地公安部门配合做好安全保卫工作。

主办单位除了确保参展商的财物安全外，还应为参展商提供必要的辅助性服务，如展品的运输与安装，车票、船票、机票的订购，与海关、商检、防疫部门的协调，跨国参展时有关证件、证明的办理，电话、传真、计算机、复印机等办公设备和餐饮服务的提供等。

2. 参加展览会的礼仪

（1）维护形象

参展商的整体形象由所展示物品的形象与工作人员的形象两个部分构成。其中工作人员的形象是指在展览会上直接代表参展商在现场工作的人员的形象。为树立良好的形象，工作人员应统一着装，着装以单位制服或深色的西装、套裙为最佳选择；胸前挂有标有单位名称、职务、姓名和贴有个人彩照的胸卡；男性工作人员应理发剃须，女性工作人员则最好化淡妆，不佩戴任何首饰。大型展会参展商还可安排礼仪小姐迎宾，礼仪小姐的服装以色彩鲜艳的单色旗袍为宜，并佩戴写有参展单位或其主要展品名称的红色绶带。

知识窗

展示物形象的构成因素

- 展品的外观：力求完美无缺。
- 展品的质量：好中选优。
- 展品的陈列：既整齐美观，又讲究主次。
- 展位的布置：要兼顾突出主题与吸引观众的注意力。
- 发放的资料：印刷精美、图文并茂、资讯丰富，并且注有参展商的主要联络方法。

（2）礼貌待客

当观众走近本单位展位时，工作人员要面带微笑，站立迎宾，主动地向观众说：

“您好！欢迎光临！”并向观众伸手示意展位，请其参观。当观众参观本单位展位时，工作人员既可随行其后，以备随时接受对方的咨询；也可以由其自便，不加干扰。对于观众所提出的问题，工作人员要认真回答。当观众离去时，工作人员应真诚地向对方欠身施礼，并道以“谢谢光临”“再见”等礼貌用语。

（3）讲解到位

展位应设有专门的讲解员，讲解员的讲解应做到以下几点。

1）讲解流畅，不用生僻字。

2）讲解的内容要实事求是，不弄虚作假，不愚弄观众。

3）在实事求是的前提下，要注意扬长避短，强调“人无我有”之处。

4）语调清晰流畅，声音洪亮悦耳，语速适中。

5）要善于因人而异，使解说具有针对性。

知识窗

增强讲解效果的方法

- 邀请观众亲自动手操作，或由工作人员为其进行现场示范。
- 安排观众观看与展品相关的视频，并向其提供说明材料与单位名片。

三、新闻发布会礼仪

新闻发布会简称发布会，也称记者招待会，是一种主动传播各类有关信息，谋求新闻界对某一社会组织或某一活动、事件进行客观而公正报道的有效沟通方式。要使新闻发布会收到较好的效果，必须注意举行新闻发布会的礼仪规范和要求。

知识窗

新闻发布会的特点（见表 5-8）

表 5-8 新闻发布会的特点

特点	含义
正式隆重	形式正规、档次较高，精心安排地点，邀请政府官员、记者、新闻界的重要人物、行业部门主管、各协作单位代表参加
沟通活跃	双向互动，先发布新闻，后请记者提问并予以解答
方式优越	新闻传播面广，报刊、电视、广播、网站等集中发布，迅速扩散到公众

1. 会前筹备礼仪

（1）确定主题

新闻发布会的主题是指新闻发布会的中心议题。主题必须得当而且必须具有一定的新闻价值，只有这样才能保证新闻发布会的效果。新闻发布会的主题通常有说明性主题与解释性主题两种，具体见表 5-9。

表 5-9　新闻发布会的主题

主题	作用	适用范围
说明性主题	对外宣布决定，用于树立企业形象，一般起宣传作用	新产品上市、企业重大战略调整、聘用形象代言人等
解释性主题	对发生的事件进行解释，是企业向社会表明自己负责任态度的一种有效方式，用于企业解决危机	企业产品出现质量问题或企业发生重大事故等

（2）选择时间

新闻发布会的时间选择直接影响新闻发布会的效果。举行新闻发布会的最佳时间是周一至周四的 10：00—12：00 或 15：00—17：00。通常，一次新闻发布会的时间应控制在两个小时之内。

知识窗

选择召开新闻发布会时间的注意事项

- 要避开节假日。
- 避免与重大社会活动相冲突。
- 避开其他单位的新闻发布会，防止与新闻界的宣传报道重点“撞车”。
- 切忌只为本方考虑而没为参会记者提供方便。

（3）确定地点

新闻发布会一般应选择在主办单位所在地或者事件发生所在地举行，具体地点一般选择名气较大的宾馆、会议厅。确定新闻发布会的地点时应综合考虑交通、采访条件、多媒体设备和座位数量等相关因素。

（4）邀请记者

主办单位应根据问题涉及的范围或事件发生地点确定邀请的记者范围。邀请名单确定后，应提前三至四天将带有公司标识的请柬寄送给新闻单位或记者，并及时通过电话确认，落实对方是否出席等。

知识窗

新闻发布会邀请新闻单位的技巧

● 如果是为了提高企业知名度、扩大影响而宣布某一消息时，邀请的新闻单位通常多多益善。

● 如果是为了说明某一活动、解释某一事件，特别是当主办单位处于劣势时，邀请新闻单位的范围则不宜过于宽泛。

● 邀请时要尽可能地先邀请影响面大、报道公正、口碑良好的新闻单位。

● 如果事件和消息只涉及某一城市，一般只邀请当地的新闻单位参加即可。

（5）安排人员

新闻发布会的人员主要由主持人、发言人和礼仪接待人员构成，主办单位应认真挑选各类人员（人员的选择标准见表 5-10）。所有出席新闻发布会的人员均需在会上佩戴事先统一制作的胸卡，胸卡上要写清出席者的姓名、单位、部门和职务。

表 5-10　　新闻发布会各类人员的选择标准

角色	承担的人员	选择标准
主持人	主办单位的公关部长、办公室主任或秘书长	见多识广、反应灵活、语言流畅、幽默风趣，善于把握大局、引导提问和控制现场，具有丰富的会议主持经验
发言人	主办单位的主要负责人	修养良好、学识渊博、思维敏捷、能言善辩、彬彬有礼，社会口碑较好，与新闻界关系较为融洽
礼仪接待人员	年轻女性	相貌端正、工作认真负责、善于交际应酬

（6）准备材料

在举行新闻发布会之前，主办单位要事先准备的材料有发言提纲、问答提纲、报道提纲和形象化视听材料，具体见表 5-11。

表 5-11　　新闻发布会应准备的材料

准备的材料	作用
发言提纲	供发言人正式发言时使用，要求紧扣主题，体现全面、准确、生动、真实的原则
问答提纲	对发言人可能会被提问的主要问题进行预测后所形成的问答提纲及相应答案，供发言人参考

续表

准备的材料	作用
报道提纲	提供给记者报道使用，报道提纲以相关数据、图片、资料为主，并列有主办单位的名称、联系方式等
形象化视听材料	材料包括图表、照片、实物、模型、录音、录像、幻灯片、光盘等，主要供与会者使用，可增强发布会的效果

2. 发布会会中礼仪

（1）做好会议签到

记者和来宾到达新闻发布会现场时，应请他们在事先准备好的签到簿上签下自己的姓名、单位、联系方式等，然后引领他们到相应的位置上就座。

（2）遵守会议程序

要严格遵守会议程序。首先，主持人要充分发挥组织者的作用，宣布会议的主要内容、提问范围以及会议进行的时间；其次，主持人、发言人讲话时间不宜过长，应对记者所提的问题逐一进行回答，且不可与记者发生冲突；最后，会议主持人要始终把握会议主题，维护好会场秩序。特别要注意的是，主持人和发言人会前不要单独会见记者或提供任何信息。

（3）相互配合

在发布会上，主持人和发言人要相互配合。主持人和发言人要分工明确，各司其职；主持人和发言人口径要保持一致，不公开对峙，不互相拆台；当记者提出的某些问题过于尖锐、发言人难以回答时，主持人要设法转移话题；当主持人邀请某位记者提问之后，发言人一般要给予对方适当的回答。

（4）真诚主动

对待记者始终要态度谦和、彬彬有礼，不可趾高气扬、态度傲慢，因为新闻发布会对待记者的态度直接关系到新闻媒体发布活动和后续报道的成败。

3. 发布会善后事宜

新闻发布会结束后，其善后工作主要包括整理会议资料和收集各方反映两个方面。

（1）整理会议资料

发布会后要尽快整理出会议记录材料，对发布会的组织、布置、主持和回答问题等方面的工作进行回顾和总结，找出不足，吸取经验。此项工作不仅有助于全面评估发布会的效果，而且还能为今后举办发布会提供借鉴。

（2）收集各方反映

新闻发布会后要认真收集以下信息：一是与会者对会议的总体反映，检查在接待、安排、服务等方面的不周之处。二是新闻界的反映，包括统计分析有关此次新闻发布会的见报（电视、刊、网）稿件，确定舆论倾向；检查各类新闻报道，对不利于本单位的报道准备良好的应对策略，对不正确或歪曲事实的报道应立即说明真相。如果是由于主办单位失误所造成的问题，应谦虚接受并致歉，以挽回声誉。

思考与练习

一、简答题

1. 简述秘书应如何做好常规会议的会前筹备工作。
2. 简述主席台的座次安排礼仪。
3. 简述组织茶话会的礼仪。
4. 简述新闻发布会的会中礼仪。

二、案例分析题

刘秘书所在公司的总经理应邀参加一个研讨会，该研讨会同时邀请了很多商界知名人士以及新闻界人士参加。总经理为了让刘秘书开阔一下视野，特意安排刘秘书和他一同前往。

开会这天，刘秘书早上睡过了头，等他赶到时，会议已经进行了二十分钟，他急急忙忙推开了会议室的门，“吱”的一声，他一下子成了会场上的焦点。刚坐下不到五分钟，肃静的会场上响起了摇篮曲，是谁放的音乐？原来是刘秘书的手机铃声！这下，刘秘书可真成了全会场的“明星”了。

研讨会结束没多久，刘秘书就离开了这家公司。

问题：刘秘书失礼的地方表现在哪里？参加会议时应注意哪些礼仪？

part

06

第六章 | 秘书仪式礼仪

学习目标

- 掌握秘书商务谈判礼仪的基本要求
- 掌握秘书签约仪式礼仪的基本要求
- 掌握秘书庆典活动礼仪的基本要求
- 掌握秘书剪彩仪式礼仪的基本要求

为庆祝或纪念某个重要日子、重大事件或者举行重大活动，企业常常会筹备和举行热烈、隆重的仪式来渲染气氛。秘书往往是这些商务活动的组织者或参与者之一，为此，秘书需掌握仪式礼仪的基本要求。

案例引导

A公司秘书小李作为谈判代表出席同B公司的商务谈判。谈判过程中，小李为了让对方放心地与A公司合作，声称A公司去年被本市相关部门评为“市级优秀经营商”。谈判结束时，双方拟订于两天后正式签约。然而，就在签约前，对方打来电话说，经核实A公司并没有获得过小李所说的奖项，不打算签约了。

想一想：

1. B公司为什么在签约前“变卦”了？

2. 小李在谈判中犯了什么错误？

第一节　商务谈判礼仪

商务谈判是指商务活动者因工作需要，进行有组织、有准备的协商活动，就某些问题达成一致，实现各自利益的过程。

恰到好处的谈判礼仪可以弥补纯粹的谈判技术的不足，谈判人员想取得谈判的成功，除了要精通专业知识，掌握社会学、心理学、语言学等方面的知识外，还要在谈判过程中，熟练掌握并恰当地运用商务礼仪知识。

一、商务谈判礼仪的基本原则

1. 遵守法律原则

遵守法律原则要求在谈判及合同签订的过程中，谈判人员要遵守国家的法律、法规和政策。与法律、法规和政策相抵触的商务谈判，即使出于谈判双方自愿并且协商一致，也是无效的。

2. 平等原则

平等原则是指谈判人员在商务谈判中要以平等的态度、协商的方式去妥善处理双边关系，而不能通过强制、欺骗的手段达到目的。商务谈判中的平等主要表现为谈判过程中，各方发表意见的机会、所处的地位、受重视的程度都是平等的，不允许一方将意见强加于另一方。

3. 双赢原则

双赢原则即为互惠互利原则，是指商务谈判中谈判人员在不损害自身根本利益的前提下，应当尽可能地替谈判对手着想，主动为对方保留一定的利益。双赢原则要求谈判人员树立“双赢”的态度，与对方充分交流，从实现双方最大利益出发，讨论各种解决方案，用相对较小的妥协换取最大的利益。

4. 对事不对人原则

对事不对人原则是指在谈判中区分人与问题，把对谈判对手的态度和所讨论问题的态度区分开来，就事论事。对事不对人的原则要求在谈判中要避免从个人利益和观点出发来理解对方的提议，要明确与对手打交道是谈判的形式，解决问题是谈判的直接目的，争取因人成事，避免因人误事。具体的做法有以下几点。

（1）在谈判中，当提出建议和方案时，要站在对方的角度考虑建议的可行性，理解和谅解对方的观点、看法。当对方对己方的提议提出异议时，要心平气和地阐述客观情况，摆事实、讲道理，争取说服对方。

（2）让谈判双方共同参与提议与协议，一个由双方共同起草和协商的包含双方主要利益的协议，会使双方认为是利于自己的，那么达成协议就比较容易，这是因人成事的技巧。

（3）在谈判的过程中，保全对方面子，不伤害对方感情，是尊重对方的表现，也是谈判取得成功的前提条件。

知识窗

谈判过程中保全对方面子、不伤害对方感情的技巧

- 善于和乐于认识、理解自己和对方的情感，对谈判对手的理解和关心往往比说服和较量更具有影响力。
- 善用“为人置梯”的技巧，即当谈判对手处于非常窘困和尴尬的境地时，给对方一个台阶下。
- 善于与谈判对手多角度沟通，尽可能地与谈判对手沟通交流，尽量避免和消除各种误会。

5. 客观标准原则

在谈判过程中，坚持客观标准原则能够克服主观让步可能产生的弊病，有助于双方冷静、客观地分析问题，达成明智而又公正的协议。由于协议的达成是依据客观标准，双方都感到自己利益没有受到损害，因而会积极有效地履行合同。客观标准原则要求谈判双方能确定一个合适的标准，如果双方无法确定合适的标准时，应请一个双方都认为公正、有权威的第三方，由第三方建议一种解决争端的标准，为问题的解决找到一定的依据。

6. 礼敬对手原则

礼敬对手原则是指谈判人员在整个谈判过程中，应真诚合作、互相尊重、以礼相待。

二、商务谈判人员的形象礼仪

1. 着装得体

谈判人员的服饰应当整洁、美观、高雅、大方。男士可着深色三件套西装，搭配白色衬衫，打素色或条纹式领带，配黑色袜子和黑色正装皮鞋；女士可着深色西装套裙，搭配白衬衫，配肉色长筒丝袜和黑色高跟或半高跟皮鞋。

2. 仪态规范

采用正确、合乎礼仪的站姿与坐姿进行谈判，能够展现谈判人员良好的职业素质，以及对谈判对手的尊重。规范、自信的站姿与坐姿还能够展现谈判人员积极向上、乐观豁达、充满自信的心理素质和谈判风采。

3. 表情自然

谈判人员的表情务必自然、友善、有正气，谈判全程应表情自然，手势简单明了，眼神不应游移不定，否则会给人不自信、紧张或松懈之感，让对方有机会占据谈判上风。

4. 谈吐优雅

谈吐是影响谈判的一个重要因素，谈判人员在交谈时要讲普通话，表达要具体。

知识窗

谈判人员的交谈技巧

- 音量适中：音量适中会使声音显得更加悦耳动听，音量过大会显得没有修养。
- 慎选内容：交谈内容淋漓尽致地表达了谈判人员的所思所想，因此，谈判人员应慎选内容，明确什么该谈，什么不该谈。
- 注意使用礼貌用语：交谈中不应出现伤害对方的言词，应善于使用如“您好”“谢谢”等礼貌用语。
- 给对方留有发表意见的时间：发言之后，切忌喋喋不休，不要以自我为中心，应留出一定的时间供对方发表意见。

三、商务谈判中的技巧

1. 倾听的技巧

在商务谈判中，谈判人员应做到有效倾听，时刻保持清醒和集中注意力，努力观察对方的说话方式，理解话语背后的深层含义；谈判人员要通过恰当的方式，如鼓励、点头、目光赞赏等，促使对方阐明真意；谈判人员不要随意打断对方的话语，尤其当对方提出不同意见或出言不逊时，也应容忍对方把话说完。

2. 提问的技巧

在商务谈判中，谈判人员应通过仔细观察对方的举止、手势、表情等，运用提问的技巧了解对方的需求、真实想法和意图，具体可以运用的技巧有以下几点。

（1）应以真诚的态度、温和的语气提问。

（2）体谅对方，所提问题应能使对方愉快回答。

（3）简明扼要地提问和围绕主题及谈判重点提问。

（4）注意提问的连贯性。

3. 回答的技巧

在商务谈判中，有问必有答。回答对方的提问时，应弄清对方提问的真正含义，掌握回答问题的原则。对不同的提问应采取不同的方式回答，如正确回答、不彻底回答、不马上回答、不确切回答、回避回答、以问代答、使问话者失去追问的兴趣、要求对方再次阐明问题等。

知识窗

谈判中不同的回答技巧

● 不彻底回答。不彻底回答是指答话人将问话的范围缩小，或只回答问题的某一部分。当对方的问话，全部回答不利于我方时，便可以采用这一方法。例如，对方问："贵方对这个方案怎么看，同意吗?"采用不彻底回答，便可说："我们正在考虑、推敲，关于付款方式只讲两点，我看是否再加上……"这样就避开了对方问话的主题，同时，也把对方的思路引到我方所说的内容上来。

● 不马上回答。对于一些问话，不一定要马上回答，特别是对一些可能会暴露我方意图、目的的话题，更要慎重。例如，对方问："贵方准备开价多少?”如果时机还不成熟，就不要马上回答，可以找一些借口谈别的，等时机成熟再摊牌，效果会更加理想。

● 不确切回答。许多谈判专家认为，谈判时针对问题的回答并不一定就是最好的回答，有时也可采用模棱两可、弹性较大的不确切答案。例如，对方问:“贵方打算购买多少?”如果考虑到先说出订数不利于计价，那么就可以说:“这要根据情况而定，看你方的优惠条件是什么?”不确切回答常采用婉转的语气，如“据我所知……”“那要看……而定”“至于……就看你怎么看了”。

● 使问话者失去追问的兴趣。为避免对方采取连珠炮式的提问，谈判人员应尽量使问话者找不到继续追问的话题和借口。常用的方法如下：一是回答时，避开自己的原因，强调客观理由，但不说己方可能出现的问题，如“我们交货延期，是由于铁路运输或许可证办理不顺利造成的”；二是借口无法回答或资料不在，回避难以回答的问题，冲淡回答气氛；三是当无法清晰、有条理地回答对方的问题时，则降低问题的意义，如“我们考虑，情况没有你想的那样严重……”

4. 巧用无声语言

在商务谈判中，谈判人员通过姿势、手势、眼神、表情等非发音器官来表达的无声语言，通常称为非语言。非语言往往在谈判过程中发挥着重要的作用，常见的形式有：与讲话人目光接触、微笑、点头、未听懂时显出迷惑不解的表情、感到奇怪时做出惊讶的表情等。在一些特殊环境下，恰到好处的沉默也可以取得意想不到的效果。

四、商务谈判的禁忌

1. 忌欺骗

在商务谈判中，忌不顾客观事实，依靠谎言或“大话”来获得自身谈判优势。

2. 忌盛气凌人

参加商务谈判的人员，不管自身的行政级别多高、资历多老、所代表的企业实力多强，只要和对方坐在谈判桌前，就应坚持平等原则，要平等相待、平等协商、等价交换，而不应盛气凌人，否则会让对方产生对抗心理。

3. 忌道听途说

在商务谈判中，谈判人员忌用一些未经证实的信息作为向对方讨价还价的依据，否则很容易让对方抓住谈话的漏洞或把柄向己方进攻，而且还易给对方留下不认真、不严谨、不值得充分信赖的印象。因此，在商务谈判中应避免使用“据说”之类的字眼。

4. 忌攻势过猛

在谈判中说话应委婉，尊重对方的意见和隐私，不要过早地锋芒毕露、急切表现，避免言语过急，伤害对方。

知识窗

谈判中攻势过猛的弊端

谈判中攻势过猛，遇到涵养较深、经验丰富的对手时，会欲擒故纵，到关键时刻将迫使己方付出代价；遇到强硬、进攻性强的对手时，会惹起更大的反击，反而对己方不利。

5. 忌含糊不清

谈判人员在阐述自身立场、观点或回答问题时，忌模棱两可、前言不搭后语、相互矛盾，这样会给对方留下不痛快、素质不高的印象。

6. 忌以自我为中心

在商务谈判中，忌以自我为中心，谈判人员应学会倾听别人的谈话。对别人的谈话表现出浓厚兴趣，多进行一些角色互换，言辞应委婉，留有商量的余地，这样既表明自己有修养，同时也能更好地了解对方，摸清对方的底细和意图，一举多得。

7. 忌枯燥呆板

商务谈判是一种合作性的交往，应该在一种积极、友好、轻松、融洽的氛围中进行，忌枯燥呆板。谈判人员在谈判开始前应善于营造一种良好的谈判气氛，在谈判过程中也应恰当地运用一些比喻，善于开一些小玩笑，使谈判变得生动、形象、幽默，有感染力。通过活泼的语言创造并维持一种良好的谈判气氛，这对整个谈判格局和前景会起到重要的促进作用。

第二节　签约仪式礼仪

签约仪式是指商务活动中合作双方或多方经过协商或谈判，就彼此之间进行的商务活动、商品交易或某种争端达成协议、订立合同，由各方代表在有关的协议或合同上正式签字的一种庄严而又隆重的仪式。

一、签约仪式的准备礼仪

签约仪式是庄重而严肃的事情。按照惯例，秘书以及相关人员应在签约前做好相应的准备工作，以保证签约仪式的顺利进行。

1. 准备待签文本

（1）草拟合同。合同在格式、内容上要标准、规范，一般要求目的明确、内容具体、用词标准、数据精确、项目完整、书面整洁。同时在起草合同时，还必须遵守一些基本原则，如遵守法律原则、符合惯例原则、合乎常识原则、顾及对手原则。

知识窗

合同的格式内容规范

● 合同格式可分为条款式与表格式两类，写法上具体规范各异，但不管是哪种类型的合同，一般都应包括标的、费用和期限三大要素。

● 合同的条款基本内容由标的、数量或质量、价款或酬金、履约的期限与地点及其方式、违约责任五大方面构成。

（2）一般来说，负责草拟合同的主方需要完成对待签文本的定稿、翻译、校对、印刷、装订、盖章等工作，并在举行签约仪式时为签约双方提供合同的最终正式文本。

（3）待签文本的内容与谈判协议条件应保持一致，各种批件、证明齐全。

（4）签约仪式前，负责提供待签文本的主方应为在合同上签字的有关各方各提供一份待签的合同文本。如有必要，还应为各方提供一份副本。

（5）签署涉外合同时，按照国际惯例，待签文本需同时使用主客双方法定的官方语言或国际通行语言。

（6）待签文本通常应装订成册，并以真皮、金属、软木等作为封面，以示郑重，纸张规格一般为 8 开，使用的纸张必须高档，印刷要精美。

2. 确定人员

主客双方应根据签约文件的性质和内容确定主签人员，主签人员可以是国家领导人、政府有关部门领导、具体部门负责人和企业负责人（通常是法人代表）等，原则上双方主签人员的身份和职位应大体相当。客方要将出席签约仪式的人员提前通报给主方，以便主方进行相应的安排。除主签人员以外，通常还要安排一名熟悉签约仪式程序的助签人员；双方其他人员基本上是参加仪式的全体人员，人数应大致相等；为了表示对所签合同、协议的重视，双方常对等邀请更高一级的领导出席签字仪式。

3. 选择签约地点

主方人员应根据参加签约仪式的人员规格、人数及签约内容的重要程度等因素确定签约地点。签约地点可以选择客方代表所住的饭店或主方的会客厅、谈判室，为了扩大影响，也可商定在某个新闻发布中心举行。无论签约地点如何确定，从礼节上都应征得客方的同意。

4. 布置签约现场

签约现场的布置应庄重、整洁，地上可铺设地毯，室内空气应清新，光线应明亮。签约现场主要的布置要求如下。

（1）签字厅内设一张长方形签字桌，上面覆盖深绿色的台呢布（涉外签字仪式时要注意颜色禁忌），背景应悬挂写有“×××××（项目）签约仪式”字样的横幅或将该字样用技术手段显示在投影幕布、LED 屏幕上。以面对签字厅正门的方向为准，安排主签人员的座椅。签署双边合同时，在签字桌的后面摆放两张座椅；签署多边合同时，可放置一张座椅，供各方主签人员轮流就座（也有为每位签字人员各准备一张座椅的情况）。

（2）在签字桌上应备有待签的合同文本、签字笔及吸墨器等签字时所用的物品和文具。如果是涉外合同，还需在桌子中间摆放一个国旗架，按照客右主左的原则分别悬挂各方的袖珍国旗。如果是国内企业之间的签约，也可在签字桌的两端摆放写有企业名称的席位牌。

（3）签字桌后应留有一定的空间供参加仪式的双方人员站立。

二、签约仪式的座次礼仪

在正式签署合同时，签字双方的座次体现了其在签字仪式上的礼遇规格。主方人员在安排各方代表的座次时，应注意以下礼仪规范。

1. 签署双边合同的座次礼仪

在签署双边合同时，签字桌右侧安排客方签字人员就座，左侧安排主方签字人员就座；在主签人员的外侧，安排各自的助签人员，以便随时为签字人员提供帮助；双方其他的随行人员，按照一定的顺序在己方签字人员的正对面就座，或依照职位的高低，客方从左向右、主方从右向左地依次列成一行，分别站立在各方主签人员的身后。如果随行人员人数较多，可以遵循“前高后低”的原则，排成两行或多行。

2. 签署多边合同的座次礼仪

在签署多边合同时，各方主签人员按照事先约定的先后顺序，依次上前坐在签字位签字。助签人员与各自的主签人员一起行动，按照“右高左低”的原则站立在主签人员的左侧。其他的陪同人员，应按照一定的顺序面对签字桌就座或站立。

三、签约仪式的正式程序

1. 双方入场

参加签约仪式的双方代表及特约嘉宾按时到达签约仪式现场，相互握手致意后，分别按照各自的位置入座或站立。

2. 签约仪式开始

相关人员在既定的位置上各就各位，主持人宣布签约仪式正式开始，宣读重要来宾名单，奏东道主国歌或与签约仪式相关的乐曲。

3. 正式签署文本

签字仪式开始，由助签人员翻开文本，指明具体的签字处，请主签人员签名，然后由助签人员互相交换文本，再签署他方保存的文本。签署文本时，应遵循轮换制。所谓轮换制是指主签人员首先签署己方保留的合同文本，而且签在左边首位处，这样使各方都有机会居首位一次，以显示各方平等。

4. 交换签署文本

文本签好后，双方主签人员应同时起立，郑重地相互交换文本，并握手祝贺合作成功，其他陪同人员同时以热烈的掌声表示祝贺，仪式达到高潮。

5. 共饮香槟、合影留念

交换已签的合同文本后，为增添欢乐气氛，礼宾人员应撤下签字椅，端上香槟，供双方出席签字仪式的人员举杯同庆。最后，全体人员合影留念。

6. 退场

签约仪式结束，双方可共同接受媒体采访。退场时应按照一定的顺序，通常的退场顺序为：首先是双方最高领导，其次是客方其他人员，最后是主方其他人员。整个仪式以半小时为宜。

7. 公证

在一般情况下，商务合同在正式签署后应提交有关方面进行公证，经过公证后才正式生效。

第三节　庆典活动礼仪

庆典活动有助于树立良好的组织形象，但庆典活动往往会有许多礼仪要求，所以秘书在筹备或参加此类活动时，一定要注意遵守有关的商务礼仪。

一、庆典活动的组织礼仪

1. 成立筹备组

庆典活动一经决定举行，应成立庆典活动筹备小组确保庆典顺利进行。庆典活动筹备小组下设公关、接待、财务、会务等若干专项小组，各小组明确分工、各司其职。其中礼宾工作由接待小组负责，接待小组通常由年富力强、形象较好、口头表达能力和应变能力较强的年轻员工组成。

2. 确定活动类型

庆典活动的形式多种多样，如开业庆典、节日庆典、颁奖庆典等，应根据庆典活动的种类和目的选择合适的庆典活动形式。

3. 安排活动内容

庆典活动的内容以庆祝为中心，策划时应周密细致，尽量把每一项具体活动组织得热烈、欢快而隆重，营造出喜庆的气氛，最终给全体出席者带来愉悦的感受。

4. 进行舆论宣传

举行庆典活动之前，应选择有效的传播媒介进行广泛宣传。宣传的内容主要包括庆典活动举行的时间、地点，庆典活动的形式、内容及主办单位的其他相关信息。此外，还需要邀请有关媒体到现场采访、报道，以加强宣传力度。

5. 确定出席者

以庆典活动的宗旨为指导思想，对出席者进行选择，精心确定庆典活动的出席人员名单。一般来说，庆典活动的出席者通常应包括上级领导、社会名流、新闻媒体、合作伙伴、社区邻里、员工代表等。从理论上讲，庆典活动来宾越多，现场越热闹，但应根据庆典活动的计划与经费控制好人员的数量。人员名单一经确定，就应尽早发出邀请或通知。鉴于庆典活动的出席人员甚多，牵涉面较广，故不到万不得已，不要将庆典活动取消、改期或延期。

6. 选择活动地点

选择庆典活动的具体地点时，应考虑庆典活动的规模、影响力以及本单位的实际情况等相关因素。通常可选择的地点有本单位的礼堂、会议厅或广场等。

7. 布置环境场地

庆典活动的现场应悬挂“××××× 庆典活动”字样的横幅或将该字样用技术手段显示在 LED 屏幕上，在贵宾站立之处铺设红地毯，在红毯前的两侧摆放来宾赠送的花篮、牌匾。同时庆典活动现场还可以悬挂彩灯、彩带，张贴一些宣传标语，以烘托庆典活动现场喜庆的气氛。在庆典活动现场应提前准备好来宾的签到簿、本企业的宣传材料、待客物品等。

8. 准备音响

在举行庆典活动之前，应认真检查音响设备，尤其是供来宾讲话使用的麦克风和扩音设备。如果主办单位有职工乐队或锣鼓队，还可以由员工演奏音乐或敲打锣鼓，烘托热闹的气氛，但要注意适度。在庆典活动举行前后，应播放一些喜庆、欢快的乐曲。

9. 接待来宾

与一般商务活动中的来宾接待相比，出席庆典活动的来宾接待更应突出礼仪性。接待来宾的工作主要有以下四方面：一是来宾的接送，即在举行庆典活动的现场迎接或送别来宾；二是来宾的引导，即由专人负责为来宾带路，将其送到既定的地点；三是来宾的陪同，对于某些年事已高或非常重要的来宾，应安排专人全程陪同，以便关心和照顾；四是来宾的接待，即指派专人为来宾送饮料、上点心以及提供其他方面的服务。

知识窗

举行庆典活动应遵循的原则

1. 热烈轰动

热烈轰动是指庆典活动应营造出欢快、喜庆、隆重而令人激动的氛围，不应过于沉闷、乏味。

2. 丰俭有度

丰俭有度是指主办单位在举行庆典活动以及为其进行筹备工作的整个过程中，应在经费支出方面量力而行。

3. 缜密周到

缜密周到是指主办单位在筹备庆典活动时，既要遵守礼仪的原则，又要具体情况具体分析，认真策划、注重细节，力求周密细致、万无一失。

二、庆典活动的程序礼仪

按照惯例，庆典活动大致上应包括以下几项程序。

1. 介绍嘉宾

请来宾就座，保持安静，对嘉宾进行简要介绍。

2. 宣布庆典活动正式开始

全体起立，奏国歌，唱主办单位之歌（如果有的话）。

3. 主办单位主要负责人致辞

致辞内容包括对来宾表示感谢、介绍此次庆典活动的缘由等，其重点应是报捷以及说明庆典活动的可“庆”之处。

4. 嘉宾讲话

出席庆典活动的主要上级领导、协作单位及社会单位均应有代表讲话或致贺词。嘉宾讲话应提前约定好，不要当众互相推辞。对外来的贺电、贺信等，可不必一一宣读，但对其署名单位或个人应予以公布，在进行公布时可依照“先来后到”的顺序或按照具体名称的汉字笔画顺序进行排列。

5. 安排文艺演出

安排文艺演出的程序可有可无，如果准备安排，则应慎选内容，注意不要有悖于庆典活动的主旨。

6. 来宾参观

如有可能，可尽量安排来宾参观本单位的相关展览或工作现场等。当然，此项程序有时也可省略。

知识窗

拟订庆典活动的基本原则

- 时间宜短不宜长：为确保庆祝效果及体现对来宾的尊重，庆典活动时间不宜超过一个小时。
- 程序宜少不宜多：程序过多，不仅会加长时间，而且还会分散出席者的注意力，并给人活动内容过于烦琐、凌乱之感。

三、庆典活动的参加礼仪

1. 主办单位人员的礼仪

按照庆典活动礼仪的规范，作为庆典活动主办单位的出席人员应注意以下几个方面的礼仪问题。

（1）注重仪容服饰

庆典活动主办单位的出席人员应保持仪容整洁。如单位有制服，可穿着统一的制服；无制服的应穿着符合礼仪的服装。

（2）遵守时间

上至主办单位的最高负责人，下至普通员工，都应遵守时间，不可姗姗来迟或无故缺席，更不应中途退场。

（3）表情庄重

在庆典活动举行期间，不应嘻嘻哈哈、嬉皮笑脸或愁眉苦脸、唉声叹气，而应表情庄重、聚精会神。如果庆典活动之中安排了升国旗、奏国歌、唱本单位之歌的程序，一定要依礼行事：起立、脱帽、立正、面向国旗或主席台行注目礼，并且态度认真、表情庄严肃穆地完整演唱歌曲。

（4）态度友好

对来宾的态度要友好，应主动热情地向来宾问好，不要对来宾进行围观和指点，对来宾提出的问题应立即友善地答复。当来宾在庆典活动上发表贺词或是随后进行参观时，要主动鼓掌表示欢迎或感谢。

（5）行为自律

1）忌“想来就来，想走就走”，或在庆典活动举行期间到处乱走、乱转。

2）忌有意无意地表示出对庆典活动毫无兴趣，如玩手机、看报纸、听音乐、打瞌睡等。

3）忌让人觉得自己心不在焉，如探头探脑、东张西望、看时间或向别人打听时间。

4）忌与周围的人说“悄悄话”、开玩笑或朝主席台上的人挤眉弄眼、扮鬼脸等。

5）当会务人员对自己有所要求时，需要“有则改之，无则加勉”。

（6）发言简短

参加庆典活动的主方人员在庆典活动中有发言时，应注意以下几个问题。

1）上下场时要沉着冷静。走向讲台时，应不慌不忙，不可急奔过去，也不可慢吞吞地“起驾”。在开口讲话前，应平心静气，不要气喘吁吁、面红耳赤、满脸是汗、急得讲不出话来。

2）要讲究礼貌。在发言开始时，应说“大家好”或“各位好”；在提及感谢对象时，应目视对方；在表示感谢时，应郑重地欠身施礼；对于大家的鼓掌，则应以自己的掌声来回礼；发言结束时，应说“谢谢大家”。

3）要宁短勿长。发言一定要在规定的时间内结束，而且宁短勿长，不要随意发挥、信口开河。

4）应少做手势。含义不明的手势应少做，尤其在发言时应坚决不用。

2. 被邀请人员的礼仪

被邀请人员在参加庆典活动时，同样有必要“既来之，则安之”，以自己优秀的临场表现来表达对庆典活动主办单位的敬意与对庆典活动的重视，具体表现在以下几个方面。

（1）准时参加

被邀请人员如有特殊情况不能参加开业典礼，应尽早通知主办方，说明理由并表达歉意。

（2）准备贺礼

为表示对开业方的祝贺，被邀请参加开业典礼的单位或个人，应赠送相应的贺礼，并在贺礼上写明庆贺对象、庆贺缘由、贺词及祝贺单位。贺礼通常为花篮、牌匾等。

（3）恭致祝词

致贺词以贺顺利、发财、兴旺等吉利话为主题，所致贺词要求简短精练，不能随意发挥。

（4）广交朋友

到达庆典活动现场后应礼貌地与周围人打招呼，可通过自我介绍、互换名片等方式结识更多的朋友。

（5）礼节性支持

被邀请人员应配合礼节性活动的开展，如对合影、跟随参观、写留言等活动，都要认真加以配合。

（6）礼貌告辞

仪式结束后应和主办单位代表握手告别并致谢，然后才可以离开。

第四节　剪彩仪式礼仪

剪彩仪式是指企业或社会组织为了庆贺本单位成立、开业，大型建筑物落成，道路、桥梁首次通车，大型展销会、博览会开幕等而举行的一种庆贺活动。剪彩既可作为开业庆典活动的程序之一，也可单独作为一种仪式举行。

一、剪彩仪式的准备礼仪

1. 准备剪彩用具

（1）新剪刀

专供剪彩者使用的剪刀必须崭新、锋利、顺手，确保剪彩者在正式剪彩时，能一“剪”成功；数量上保证现场每位剪彩者人手一把，在剪彩仪式结束后，主办单位可将每位剪彩者所使用的剪刀包装后作为纪念品赠送给剪彩者。

（2）红色缎带

红色缎带又称“彩”，是剪彩仪式中的主角。通常在红色缎带上结漂亮、醒目的花团，所结花团的具体数目与现场剪彩者的人数直接相关。传统的做法是所结花团的数目比现场剪彩者的人数多一个，这样每位剪彩者总是处于两朵花团之间；较有新意的做法是花团的数目比现场剪彩者的人数少一个。

知识窗

按照传统做法，剪彩礼仪中的“彩”应由一整匹未曾使用过的红色绸缎，在中间扎上数朵大而醒目的红色花团组成。现在通常的做法是用长度为两米左右的细窄红色缎带、红色布条代替传统的红色绸缎。

（3）白手套

为表示重视，应为每位剪彩者专门准备一副白色的薄料手套，以便剪彩时使用。准备白手套时，应确保数量充足、大小适度、崭新平整、洁白无瑕。

（4）托盘

在剪彩仪式中，托盘用于盛放红色缎带、剪刀、白手套。准备托盘时，应选择崭新、洁净的不锈钢托盘，使用时应在托盘上铺满红色绒布或绸布。就其数量而论，在剪彩时，可由礼仪人员用一只托盘依次向各位剪彩者提供剪刀与手套，并同时盛放红色缎带；也可以为每一位剪彩者配置一只托盘，红色缎带由另一只托盘盛放，这种做法更为正式。

（5）红色地毯

为了提升剪彩仪式的档次，营造更加喜庆的气氛，可在剪彩者正式剪彩时的站立之处铺设红色地毯，其长度因剪彩者人数多少而定，其宽度通常在一米以上。

2. 选择剪彩人员

在剪彩仪式上，参加剪彩的人员除主持人外，还包括剪彩者和礼仪员。

（1）剪彩者

剪彩者是指在剪彩仪式上持剪刀的剪彩人，其身份地位与剪彩仪式档次高低相对应。按照惯例，剪彩者可以是一个人，也可以是多人，但一般不超过五人。剪彩者可以是上级领导、合作伙伴、社会名流、客户代表或员工代表。

剪彩者为一个人时，剪彩者应居中站立；剪彩者为多人时，主剪者居中站立，其他人员遵循中间高于两侧、右侧高于左侧的原则排列位置。如果剪彩仪式无外宾参加时，可执行我国“左侧高于右侧”的传统做法。

知识窗

剪彩仪式注意事项

● 剪彩者名单一经确定，应尽早通知对方，并征得对方的同意。

● 如果剪彩者为多人时，为表示对剪彩者的尊重，应分别告知每位剪彩者届时将与何人同担此任。

● 避免出现剪彩开始前才强拉硬拽，临时找人凑数的现象。

● 如果有可能，可在剪彩仪式举行前将剪彩者集中在一起，告知他们有关的注意事项，并稍加排练。

（2）礼仪员

剪彩仪式中的礼仪员可以邀请专业礼仪员或由主办单位的女职员担任。礼仪员通常担任迎宾员、引导员、服务员、拉彩员、捧花员、托盘员等，有时也可一人身兼数职。选择礼仪员的标准为相貌较好、身材高挑、年轻健康、气质高雅、音色甜美、反应敏捷。

3. 选定剪彩场地

剪彩场地一般选在展览会、展销会的门口，广场正门外或即将启用的建筑、工程的现场举行。剪彩现场应简单装饰以烘托气氛，在剪彩之处悬挂写有“××××剪彩典礼”或“××××剪彩仪式”的横幅，或在LED背景墙上打上“×××剪彩典礼”或“××××剪彩仪式”的字样，会场四周可插彩旗，悬挂气球，座席两旁可摆放花篮。

4. 开展宣传工作

为扩大剪彩活动的效果，提高主办单位的知名度，剪彩仪式前，要运用各种媒体广泛宣传，以引起更多人的注意，达到宣传效果。

二、剪彩仪式的组织礼仪

一般来说，剪彩仪式宜紧凑，忌拖沓，短则十五分钟即可，长则不宜超过一小时。按照惯例，作为一种独立的仪式，剪彩仪式通常包含以下五项基本程序。

1. 嘉宾入场

剪彩仪式开始前五分钟，礼仪员将嘉宾集体引领进场。一般来说，剪彩者应在前排就座，如果剪彩者为多人时，则应按照剪彩时的具体顺序就座，即主剪者居于中间，其他人员按照中间高于两侧、右侧高于左侧的规则就座，座位上应事先放好桌签，中央级来宾只写“首长”，其他人可直接写姓名。需要注意的是，在剪彩仪式上，通常只为剪彩者、来宾和本单位的负责人安排座席。

2. 仪式开始

主持人宣布剪彩仪式开始，全场起立，奏国歌或主办单位之歌，然后现场燃放鞭炮（禁燃放鞭炮的地方除外），全场热烈鼓掌，此后主持人应向在场者介绍到场的重要来宾，并对他们的到来表示感谢。

3. 简短发言

发言者依次为东道主的代表、上级管理部门的代表、地方政府的代表、合作单位的代表等。发言内容应具有宣传性、鼓动性、祝贺性，做到短小精悍、言简意赅，每人发言时间以不超过三分钟为宜。

4. 剪彩过程

主持人宣布剪彩，全场奏乐，拉彩员、捧花员、托盘员从两侧同时或从右侧率先登场。拉彩员与捧花员站成一排，拉彩员处于两端拉直红色缎带，捧花员各自双手捧一簇花团。托盘员须站立在拉彩员与捧花员身后一米左右，并且自成一行。然后引导员引导剪彩者登台并按既定位置站好，主持人向全体到场者介绍剪彩者。最后托盘员应前行一步，到达剪彩者的右后侧，并为其递上手套和剪刀。在剪彩者剪断红绸、彩球落盘时，全体人员热烈鼓掌，必要时还可奏乐或燃放鞭炮。

5. 后续活动

剪彩结束后，主办单位可安排一些文艺、参观、联谊、座谈、签名、题词、就餐等后续活动，具体做法可因剪彩内容而定，最后可以向来宾赠送纪念性礼物，并欢送他们离开。

三、剪彩仪式的参加礼仪

1. 剪彩者的礼仪

（1）注意仪容仪表

剪彩者的仪容要洁净，仪表要庄重，着装要正规严肃，根据剪彩内容选择中山装、西装或职业制服。

（2）举止要得体

剪彩过程中，剪彩者要始终保持一种稳重的姿态。当主持人宣布开始剪彩时，剪彩者要面带微笑，步履稳健地从右侧走向主席台，走向彩带，并向拉彩员、捧花员微笑致意。当礼仪员用托盘呈上剪刀时，也应对其微笑表示谢意。剪彩带时，要聚精会神、严肃认真地一刀剪断。如果几位剪彩者共同剪彩时，应兼顾他人，力争同时剪断彩带。另外，剪彩者还应与礼仪员配合，让彩球落于托盘内。剪彩者在剪彩成功后，可以举起剪刀，面向全体到场者致意。然后将剪刀、手套放于托盘内，抬手鼓掌，并与主持人和主办单位负责人一一握手，以示祝贺。退场时，一般宜从右侧退场。

（3）协力配合仪式

剪彩者应按时或提前到达仪式现场。到现场后，可与主办单位的代表或其他先到达的嘉宾交流谈心，增进感情。仪式开始后，应专心听取别人发言，关心仪式进展程度，不可与人谈笑。剪彩结束回位之前，应先和主办单位的代表握手祝贺，或与他们一起长时间地鼓掌。在后续活动中，也应听从主办单位的安排，做到善始善终。

2. 礼仪员的礼仪

（1）仪容要高雅

礼仪员的最佳装束应为：化淡妆，头发盘起，穿款式、面料、色彩统一的单色旗袍，配肉色连裤丝袜和黑色高跟皮鞋。除戒指、耳环或耳钉以外，不佩戴任何其他首饰。有时礼仪员也可以穿着深色或单色的套裙。但是，礼仪员的穿着打扮必须尽可能地整齐划一。在整个剪彩活动中，礼仪员应面带微笑、步履轻盈，礼仪员的一举一动、一颦一笑，都应给人以美的感受。

（2）举止行为要规范

在仪式进行中，礼仪员应面带微笑、整齐有序。如果在仪式进行中出现小意外，如剪彩者在剪彩时未能“一刀两断”等，礼仪员应冷静处理，以确保仪式顺利进行。在剪彩过程中，更要表现得落落大方。

（3）退场要遵守秩序

礼仪员在剪彩者退场后方可列队由右侧退场，退场时应井然有序、步履稳健、神态自然。

思考与练习

一、简答题

1. 简述签约仪式的准备礼仪。

2. 简述庆典活动的准备礼仪。

3. 简述剪彩仪式的组织礼仪。

二、案例分析题

签字仪式

7 月 15 日是 ×× 电力公司与美国 A 公司在多次谈判后达成协议，准备正式签字的日子，×× 电力公司负责签字仪式的现场准备工作。×× 电力公司将公司总部九层的会议室布置为签字现场，在会议室摆放了鲜花，长方形签字桌上临时铺设了深绿色的台呢布，摆放了中美两国的国旗，美国国旗放在签字桌左侧，中国国旗则放在右侧，签字文本一式两份放在黑色塑料的文件夹内，签字笔、吸墨器等文具分别放置在两边，会议室空调温度控制在 26℃。办公室陈主任检查了签字现场，觉得一切安排妥当，他让办公室张秘书通知 ×× 电力公司董事长、总经理等己方签字人员在会议室等待，自己到楼下准备迎接对方人员。

9：00，美方总经理一行乘坐一辆高级轿车，准时驶入 ×× 电力公司总部，司机熟练地将车平稳地停在办公楼前。陈主任在门口迎候，他见副驾驶座位上是一位女宾，便以娴熟优雅的姿势先为前排女宾打开车门，并做好护顶姿势，同时礼貌地问候对方；紧接着，陈主任迅速走到右后门，准备以同样的动作迎接后排客人，不料，前排女宾已经先于他打开了后门，迎候后排男宾，陈主任急忙上前问候，但明显感觉女宾和后排男宾有不悦之色。陈主任一边引导客人进入大厅来到电梯门口，一边告知客人，董事长在会议室等待，电梯到达九层后，陈主任按住电梯门控制开关，请客人先出，自己后出，然后引导客人到会议室。在会议室等待的 ×× 电力公司的签字人员在客人进入会议室时，马上起立鼓掌欢迎，公司董事长急忙从座位上站起，主动与对方客人握手，不料，美方客人在扫视了会议室后，似乎非常不满，不肯就座，好像是临时改变了主意，不想签字了。

问题：

1. ×× 电力公司安排的这次签字活动有不当之处吗？请进行点评。

2. 引起美方客人不悦和临时改变主意的主要原因是什么？

part 07

第七章 秘书涉外礼仪

学习目标

- 掌握秘书涉外礼仪的特点和基本原则
- 了解世界主要国家（地区）的礼仪

在涉外活动中，秘书既是祖国利益的维护者，又是民族文化的传播者，他们的行为关系着祖国的政治和经济利益，体现着民族的尊严与荣誉。因此，在对外交往中，秘书应了解相关的涉外礼仪知识，并自觉地运用涉外礼仪，遵循涉外礼仪原则。

案例引导

某公司的秘书小王，随公司总经理一起去国外考察。一天，在一个地铁出站口遇见一个满头白发的老太太正吃力地推着一辆行李车，小王出于礼貌赶紧上前，用英语对老太太说："让我来帮您。"谁知老太太不但不领情，还满脸怒气地对小王说："不，不需要！我自己能做！"小王当时很纳闷，这种助人为乐的行为在国内是不会被如此对待的，刚才老太太的过激反应是否因为她心情不好呢？

想一想：

1. 你认为小王是否真的遇到了一位心情不好的老太太？

2. 如果不是，那是什么原因造成这位老太太有如此强烈的反应呢？

第一节　秘书涉外礼仪概述

秘书涉外礼仪是指秘书参与各种国与国之间的交往活动中应遵守的惯例，是约定俗成的规范。

一、秘书涉外礼仪的特点

1. 国际性

秘书涉外礼仪是各国、各地区、各民族间的礼仪相互影响、相互促进的结果，是世界各国共同遵守的礼仪原则与规范。

2. 时代性

秘书礼仪不仅具有各国、各民族自身的历史传统和民族特色，而且应符合时代的要求并体现时代的精神，随着时代的发展不断完善。

3. 对象性

不同的国家、地区、民族均具有各自特有的礼仪习俗。为了体现对交往对象的尊重，秘书在与他们交往过程中，尤其是民间交往时，更应关注对方的礼仪习俗。

二、秘书涉外礼仪的基本原则

1. 维护形象

在涉外交往中，秘书应意识到在外国人眼中，自己的行为不仅代表自己，更代表着国家、民族，代表着自己的所在单位，因此，要确保自己的仪表端庄得体，言行不卑不亢，注意维护好自己的形象。

2. 求同存异

求同存异是指在涉外活动中既要认真遵守国际上通用的礼仪规则，又要了解交往对象所在国的礼仪与习俗，并予以尊重。

3. 热情有度

热情有度主要表现在四个方面：一是关心有度，二是赞赏有度，三是距离有度，四是举止有度。

第二节　亚洲主要国家（地区）礼仪

亚洲地区有四十多个国家和地区，人口总数约为四十亿，陆地面积占世界陆地总面积的 29.4%。亚洲是世界三大宗教的发源地，其礼仪习俗有着东方古老文明的背景，有着深厚东方文化的积淀。亚洲是地理环境和社会文化差异最大的洲，这也造成了亚洲各国（地区）礼仪习俗的千差万别。

一、日本

1. 见面与称呼礼仪

（1）初次见面，双方互相鞠躬、互递名片，一般不握手。

（2）老朋友见面，可行握手礼或拥抱礼。

（3）日本人非常注重使用礼貌用语，常用的礼貌用语有："初次见面，请多多关照""拜托您了""对不起""失陪了"等。

在日本，初次见面如果忘带名片，会被对方认为你不好交往或拒绝与之交往，是非常失礼的行为。

2. 宴请礼仪

（1）茶道是日本人接待贵宾的一种特殊礼节。

（2）宴会饮酒时，必须由主人自己斟酒；在斟酒时壶嘴不可对碰杯口；客人需以右手持杯，左手托底接受斟酒；客人必须接受第一杯酒，但可以谢绝第二杯酒；当自己不再饮酒时，不可马上将酒杯向下扣放，应等大家喝完后再扣放。

（3）不用香烟待客，即使自己吸烟也不敬烟。

（4）如果被请到日本人家里做客，应在玄关处摘掉帽子和手套，然后脱鞋。

3. 馈赠礼仪

（1）日本人喜欢送礼，注重礼尚往来。

（2）日本人喜欢用淡色礼物包装纸包装礼物，如果用红色彩带包装礼物，则象征祝福对方身体健康。日本人不喜欢在礼物包装上系蝴蝶结。

（3）日本人特别喜欢的礼物是白兰地和冻牛排，不喜欢动物形象的礼物。

（4）在日本，送礼时要送成双成对的礼物，但送给新婚夫妇红包时，忌送 2 的倍数。

（5）应邀去日本人家中做客，习惯上送给女主人的礼物是一盒蛋糕或糖果，而不是花。

4. 禁忌礼仪

（1）忌绿色，认为绿色不吉祥。

（2）忌荷花图案，认为荷花是丧花。

（3）忌数字 9 和 4，因“9”在日语中的发音与“苦”相同，而“4”与“死”相同。

（4）日本商人忌 2 月和 8 月，因为这两个月是营业淡季。

（5）忌三人合影，因为三人合影，中间者被夹，是不祥的预兆。

（6）慎用“先生”作称呼，在日本“先生”一词只限于称呼教师、医生、年长者、上级或有特殊贡献的人。对一般人称“先生”，会使他们处于尴尬境地。

（7）忌“八筷”（舔筷、迷筷、移筷、掏筷、跨筷、剔筷、扭筷、插筷）。

（8）忌用同一双筷子给宴席上所有人夹取食物。

知识窗

日本概况（见表 7–1）

表 7–1 日本概况

位置与国土面积	首都	民族
日本位于亚洲东部。国土面积为 37.79 万平方公里	东京	绝大部分为大和族

续表

国花	货币	国歌与国旗	宗教信仰
樱花	日元	国歌：《君之代》 国旗：日章旗	信奉神道教和佛教等

二、韩国

1. 见面与称呼礼仪

（1）第一次与韩国人交往，必须由第三者介绍，约好后应准时赴约。

（2）同韩国人见面时，先行鞠躬礼，再行握手礼，并应有适度的目光交流。

（3）与韩国人交换名片前，需行鞠躬礼。

（4）不可直呼韩国人的名字，可在其姓前加先生，如“金先生”，为了表示尊重，对男士可以用其头衔，如“金会长”。

2. 宴请礼仪

（1）在与韩国人的商务交往中，举办晚宴及娱乐活动是很重要的。

（2）应邀出席宴请一般只有本人可以参加，而且要做好饮酒的准备。

（3）客人不可再三推辞主人的劝酒，要奉陪到底，一醉方休。

（4）席间递东西或接饮料时，要用左手支撑右臂或右腕，以表示对对方的尊重。

（5）敬酒人应把自己的酒杯举得低一些，用自己杯子的杯沿去碰对方的杯身，敬完酒需鞠躬。

（6）接受了韩国人的宴请后，礼节上要回请对方。

3. 馈赠礼仪

（1）赠送礼物时，最好选择鲜花或具有中国特色的小礼物，忌送日本产品。

（2）韩国男性喜欢的礼物有酒、名牌纺织品、领带、打火机、电动剃须刀等，韩国女性喜欢的礼物有化妆品、提包、手套、围巾等物品和烹调用的调料，韩国儿童喜欢的礼物是食品。

（3）在韩国，到办公室拜见合作伙伴或到韩国人家中做客，通常要带礼物。

（4）给韩国人赠送礼物时，应双手呈送，对方或许会把礼物放在一边，以后再打开。

（5）收到韩国人赠送的礼物时，应双手接过，以后再打开。

4. 禁忌礼仪

（1）忌数字 4。

（2）严格限制拍照，在韩国禁拍军事设施、机场、水库、地铁、国立博物馆以及娱乐场所，在空中和高层建筑拍照也都在禁止之列。

（3）逢年过节，忌说不吉利的话，忌生气、吵架。

（4）对其国家或民族进行称呼时，忌称其为“南朝鲜”“南韩”或“朝鲜人”，而宜称其为“韩国”“韩国人”。

知识窗

韩国概况（见表 7-2）

表 7-2　韩国概况

<table>
<tr><th>位置与国土面积</th><th colspan="2">首都</th><th>民族</th></tr>
<tr><td>韩国位于亚洲大陆东北朝鲜半岛的南半部。国土面积为 10 万平方公里</td><td colspan="2">首尔</td><td>韩民族</td></tr>
<tr><th>国花</th><th>货币</th><th>国歌与国旗</th><th>宗教信仰</th></tr>
<tr><td>木槿花</td><td>韩元</td><td>国歌：《爱国歌》
国旗：太极旗</td><td>信奉佛教、基督新教和天主教</td></tr>
</table>

三、泰国

1. 见面与称呼礼仪

（1）泰国人见面时行传统的合十礼，但在相当西化的场合也行握手礼。

（2）泰国人姓名较长的，平时只称呼名，不能用姓来称呼对方，如对全名叫玛哈・扎克夫・诗琳的女士，只称呼为诗琳女士即可。

2. 宴请礼仪

（1）到泰国人家中拜访或做客，必须事先预约，并准时赴约。

（2）泰国人有进门先脱鞋的习惯，到当地人家中做客，如果发现室内设有佛坛，必须立即脱掉鞋袜和帽子。

（3）泰国人多用茶水、果品招待客人，喜欢请客人嚼槟榔。

（4）泰国人喜爱用民族风味食品宴请客人。

3. 馈赠礼仪

到泰国人家中做客时，客人可向主人赠送表示友谊的礼物，但事先应将礼物包装精美，也可以赠送鲜花。

4. 禁忌礼仪

（1）忌议论佛祖和泰国国王。在泰国，不能说买佛像，要用“请”，也不可随意放置或粗暴对待佛像。

（2）忌用红笔签名或画狗的图案。

（3）忌用手触摸他人头部，也忌拿东西时越过他人的头顶。

（4）忌跷脚把鞋底对着别人，该行为被认为是把别人踩在脚下，是一种侮辱性的举止。

（5）忌用左手传递东西。如不得已使用左手，要表示歉意：“请原谅，左手。”

知识窗

泰国概况（见表 7–3）

表 7–3　泰国概况

位置与国土面积	首都	民族
泰国位于中南半岛中部。国土为 51.3 万平方公里	曼谷	主要有泰族、马来族、高棉族等

续表

国花	货币	国歌与国旗	宗教信仰
金莲花	泰铢	国歌：《泰王国歌》和《颂圣歌》 国旗：三色旗	主要信奉佛教

四、新加坡

1. 见面与称呼礼仪

（1）新加坡人在社交场合多行握手礼，但与印度人见面时多行合十礼。

（2）新加坡人在称呼上的习惯和中国人基本相似。

2. 宴请礼仪

（1）新加坡人通常设午宴或晚宴招待客人。

（2）和新加坡的印度人或马来人吃饭时，注意要向主人请教或模仿他们的用餐方法。

（3）到新加坡人家中做客时，进入房间前应先脱鞋。

（4）新加坡人的时间观念强，有准时赴约的良好习惯。但如果应邀参加新加坡人的婚宴，不可准时赴宴，否则会被认为是贪吃的人。

（5）新加坡人特别喜欢在装饰华丽、花草繁多的环境宴请、攀谈或休息。

3. 馈赠礼仪

（1）不可给新加坡政府工作人员送礼物。如果与他们一起吃饭，应采取 AA 制。

（2）到新加坡人家中赴宴，可选择一束鲜花或一盒巧克力作为见面礼物。

4. 禁忌礼仪

（1）忌说“恭喜发财”。新加坡人认为，“发财”是指“发不义之财”，是煽动干坏事，因而是对他们的侮辱与谩骂。

（2）忌男子蓄长发。留着长发、穿牛仔装或拖鞋的男士在新加坡可能会被禁止入境。

（3）忌黑色、白色、黄色等颜色。

（4）忌 4、6、7、13、37 和 69 等数字。

（5）与新加坡人谈话，忌谈宗教与政治方面的问题。

（6）忌触犯新加坡人的宗教习俗。

知识窗

新加坡概况（见表 7–4）

表 7–4　　新加坡概况

位置与国土面积	首都		民族
新加坡位于马来半岛南端。国土面积为 719 平方公里	新加坡市 		主要有华人、马来人、印度人等
国花	**货币**	**国歌与国旗**	**宗教信仰**
胡姬花 	新加坡元 	国歌：《前进吧，新加坡》 国旗：星月旗 	信奉佛教、道教、天主教及印度教等

五、中国港澳台地区

1. 见面与称呼礼仪

（1）与港澳台地区的商务人士见面，一般行握手礼，商务活动需要交换名片。

（2）称呼港澳台地区的商务人士普遍使用“先生”“夫人”“太太”“小姐”。

2. 宴请礼仪

（1）拜访香港人时，如果主人奉茶，客人要在主人喝过后才可饮用。如果主人长时间未饮茶，忽然举杯只饮一口，则表示送客。

（2）台湾人通常在酒店里宴请商务客人。

3. 馈赠礼仪

（1）与香港人首次见面，可以赠送小礼物，礼物颜色以金黄色或绿色为宜。

（2）登门访问台湾人时，宜带一件小礼物，并双手呈送。

（3）接受香港人的礼物时，不可当面打开。

4. 禁忌礼仪

（1）在香港地区遇到别人称赞时，忌说“谢谢”。

（2）香港人忌蓝色。

（3）台湾人忌别人向自己打听包括收入、年龄以及家庭住址在内的私人信息。

（4）给台湾人送礼，忌送扇子、剪刀、雨伞、甜果和粽子等。

（5）台湾人忌有人向他眨眼。

（6）港澳台地区都忌数字 4。

第三节　欧洲主要国家（地区）礼仪

欧洲位于亚欧大陆的西北部，北临北冰洋，西濒大西洋，南隔地中海与非洲相望。欧洲人绝大多数为白人。欧洲的宗教以天主教、东正教和基督新教三大教派为主。欧洲人的礼仪习俗比较现代化，大部分来自宗教习俗。

一、英国

1. 见面与称呼礼仪

（1）英国人见面行握手礼。

（2）英国人尤其是年长的英国人以世袭头衔或荣誉头衔为荣，习惯于被称为“先生”“夫人”“阁下”等。

（3）英国各个地区的人均有很强的民族自尊，与他们交往时，应将其分别称为“英格兰人”“苏格兰人”“威尔士人”或“爱尔兰人”。

2. 宴请礼仪

（1）重大的宴请活动，英国人一般都将其安排在晚餐进行。

（2）英国人招待客人的时间通常要持续三个小时，饮品一般先提供果汁、苏打水，接着提供白葡萄酒、红葡萄酒，最后提供白兰地酒。

（3）英国人下班后不谈公事，特别讨厌就餐时谈公事，也不喜欢邀请有公事交往的人到自己家中吃饭。

（4）到英国人家中做客，晚到十分钟被视为是礼貌行为。

3. 馈赠礼仪

（1）到英国人家中做客，不可赠送太昂贵的礼物。

（2）送给英国人的礼物可以是高级糖果、巧克力、名酒、鲜花等，其中苏格兰威士忌是通行的礼物，但烈性威士忌则不然。有中国民族特色的民间工艺品也十分受欢迎。

（3）英国人不喜欢带有客人公司标识的纪念品。

（4）服饰、香皂等涉及私人生活的物品不宜作为礼物送给英国人。

（5）接受礼物时，英国人会当面打开礼物，表达赞扬与谢意。

4. 禁忌礼仪

（1）英国人忌数字 13，如果 13 日又是星期五的话，则认为是非常不吉利的。

（2）英国人忌用人像作商品装饰，忌大象、猫头鹰、孔雀、山羊等图案。

（3）英国人忌送菊花和百合花。

（4）英国人忌讳的话题有个人的年龄、职业、婚姻、收入、宗教信仰以及英国皇室的家事等。

（5）与英国人谈话，忌两腿分得过开，忌跷起二郎腿，忌把手插入衣袋。

知识窗

英国概况（见表 7–5）

表 7–5　英国概况

位置与国土面积	首都	民族
英国位于欧洲西部，本土位于欧洲大陆西北面的不列颠群岛。国土面积为 24.4 万平方公里，由英格兰、威尔士、苏格兰和北爱尔兰四个部分组成	伦敦	主要有英格兰人、威尔士人、苏格兰人和爱尔兰人等

续表

国花	货币	国歌与国旗	宗教信仰
玫瑰	英镑	国歌：《天佑女王》 国旗：米字旗	主要信奉基督新教

二、法国

1. 见面与称呼礼仪

（1）法国人常用的见面礼有握手礼、拥抱礼和吻面礼。

（2）称呼法国人时，宜在其姓氏后加上“先生”“夫人（女士）”“小姐”。

（3）与法国人打交道时，有时需要使用谦称或敬称。

（4）法国人忌讳的称呼有“老人家”“老太太”“老先生”。

知识窗

法国人的谦称多为第一人称复数，或者是第三人称，意为“敝人”或“敝公司”。

法国人的敬称有三种：对一般人称第二人称复数，其含意为“您”；对官员、贵族、有身份者称“阁下”“殿下”或“陛下”；对陌生人称“先生”“小姐”或“夫人”。

2. 宴请礼仪

（1）家宴是法国人对客人最隆重的款待，而且不会被视为是交易的延伸。

（2）在正式宴会上，交谈重于一切。

（3）在正式宴会上，如果餐桌上没有摆放烟灰缸，则不可抽烟。

3. 馈赠礼仪

（1）与法国人初次见面，一般不需要送礼，但第二次见面，应考虑赠送礼物。

（2）如果被邀到对方家里进晚餐，应先在花店预订鲜花，并由花店的工作人员先送至对方家里。

4. 禁忌礼仪

（1）法国人忌送菊花、康乃馨和纸做的花，花的数量忌为偶数及 13。

（2）法国人忌黑桃、仙鹤图案。

（3）法国人忌墨绿色，因为会给他们带来不好的回忆。

（4）忌送法国人刀、剑和餐具等物品，忌送女士香水和化妆品。

知识窗

法国概况（见表 7–6）

表 7–6　　法国概况

位置与国土面积	首都		民族
法国位于欧洲西部，濒临北大西洋。国土面积为 67 万平方公里	巴黎		法兰西人、布列塔尼人、科西嘉人、阿尔萨斯人
国花	**货币**	**国歌与国旗**	**宗教信仰**
香根鸢尾	欧元	国歌：《马赛曲》 国旗：三色旗	主要信奉天主教

三、德国

1. 见面与称呼礼仪

（1）德国人见面时行握手礼。

（2）不要对德国人直呼其名，如果对方有学术和职业的头衔，应用对应的头衔称呼，如“教授”和“博士”，因为在德国人看来，获得学术和职业的头衔是他们引以为豪的资本。

（3）与德国人交往，如果你有学术和职业头衔，一定要印在名片上。

知识窗

与德国人握手的注意事项

一是握手时必须坦然地注视对方；二是握手的时间宜稍长，晃动的次数宜稍多，握手时所用的力量宜稍大；三是握手后应向对方索要名片，并看清名片上是否印有对方的头衔。

2. 宴请礼仪

（1）被德国人邀请到家中做客，是一种特殊的礼遇。

（2）在德国人的宴会上，遵循以右为尊的原则。

（3）当女士离开宴席或回来时，男士要起立以示尊重。

（4）宴会结束后的两三天内要给主人写个短柬或便条，表示感谢。

3. 馈赠礼仪

（1）给德国人送礼，应尽量选择有民族特色、具有文化品位的物品。

（2）给德国人送礼，忌送剪刀、餐刀、餐叉等，以免有“断交”之嫌；忌给德国女士送玫瑰、香水和内衣，即使女性之间，也不宜赠送这类物品。

（3）到德国人家做客，忌送葡萄酒，鲜花是送女主人的最好礼物，但数量上忌送双数。

4. 禁忌礼仪

（1）德国人忌数字 13 和星期五。

（2）送德国人的商品包装上忌有纳粹标识或类似的符号，德国人忌以茶色、红色、深蓝色和黑色作为包装色。

（3）德国人忌蔷薇、菊花。

（4）德国人忌他人询问自己的年龄、收入、信仰、婚姻状况等问题。

（5）德国人忌听恭维话。

（6）德国人忌在公共场合窃窃私语（夫妻和恋人除外）。

（7）德国人忌盯视他人，认为这有不轨之嫌。

（8）德国人忌交叉式谈话。

知识窗

德国概况（见表 7–7）

表 7–7 德国概况

位置与国土面积	首都		民族
德国位于欧洲中部，北临北海和波罗的海。国土面积为 35.7 万平方公里	柏林		德意志人、索布人等
国花	**货币**	**国歌与国旗**	**宗教信仰**
矢车菊	欧元	国歌：《德意志之歌》 国旗：三色旗	信奉基督新教、天主教等

四、俄罗斯

1. 见面与称呼礼仪

（1）俄罗斯人初次见面行握手礼，久别重逢的朋友行拥抱礼。

（2）俄罗斯人相互介绍按女士、男士或长者、年轻人的先后顺序进行。

（3）俄罗斯女士未伸手之前，切不可先行要求与她握手。

（4）在称呼上，熟人之间，直呼其名（本名）；陌生人之间，年轻人对长辈，下级对上级则必须使用尊称，即本名、父名、姓氏加“先生”“夫人”等称呼或头衔。

（5）在俄罗斯“您”与“你”不可任意乱用。对陌生人或长辈、上司、女士、师长一律用“您”，晚辈对长辈用“您”则表示亲切友善，长辈对晚辈用“您”，则表示不客气和恼怒，具有讽刺意味。

知识窗

俄罗斯人的姓名由三部分构成，即本名、父名和姓氏。女子出嫁后，一般随夫姓。例如，尼娜·伊万诺夫娜·伊万诺娃，尼娜为本人名，伊万诺夫娜为父名，伊万诺娃为父姓，假如她与罗果夫结婚，婚后姓改为尼娜·罗果夫娜·罗果夫娃。

2. 宴请礼仪

（1）参加俄罗斯人的宴请时，应对菜肴加以称赞，并且应尽量多吃一些。

（2）俄罗斯人将手放在喉部，一般表示已经吃饱。

（3）俄罗斯人忌用餐时发出声响，要用茶匙直接饮茶或让其直立于杯中。

（4）俄罗斯人吃饭时只用盘子，不用碗。

（5）给客人吃面包和盐是俄罗斯人最热情的表示。

3. 馈赠礼仪

（1）在俄罗斯，鲜花是深受欢迎的礼物。赠送鲜花时，颜色应以红色为宜，数量应以单数为宜。在参加丧礼时，要送双数的鲜花，通常应选择康乃馨或郁金香。

（2）在俄罗斯，酒、艺术品和书籍可以作为馈赠礼物。

知识窗

俄罗斯人对颜色的看法

俄罗斯人对颜色很讲究，认为红色表示吉祥和美丽，黑色表示肃穆和不祥，白色表示纯洁和温柔，绿色表示和平和希望，粉红色表示青春，蓝色表示忠诚和信任，黄色表示幸福、和谐，紫色表示威严和高贵。

4. 禁忌礼仪

（1）俄罗斯人忌赠送金钱，认为赠送金钱是对人格的侮辱。

（2）俄罗斯人忌黑色。

（3）俄罗斯人忌食狗肉、海参、墨鱼和木耳。

（4）与俄罗斯人交往忌说他们小气，忌与俄罗斯人议论第三者。

（5）俄罗斯人忌问对方私事，忌问女性年龄等。

（6）俄罗斯人忌打碎镜子，打碎镜子意味着灵魂的毁灭，个人生活中将出现不幸；而打碎杯子和碗，特别是盘子和碟子，则意味着富贵和幸福。

知识窗

俄罗斯概况（见表 7–8）

表 7–8 俄罗斯概况

位置与国土面积	首都		民族
俄罗斯位于欧亚大陆北部，地跨欧亚两大洲。国土面积为 1 709 万平方公里	莫斯科		主要为俄罗斯人
国花	货币	国歌与国旗	宗教信仰
向日葵	卢布	国歌：《俄罗斯国歌》 国旗：白、蓝、红三色旗	主要信奉东正教

第四节　美洲主要国家（地区）礼仪

美洲分为北美洲与南美洲。北美洲居民以欧洲移民后裔为主，还有印第安人、波多黎各人、亚裔人等，使用的语言有英语、西班牙语、法语、荷兰语、印第安语等，主要信奉基督教、天主教。南美洲居民有白人、印第安人和黑人等，绝大多数人信奉天主教，部分信奉基督教，多数国家以西班牙语为官方语言，巴西等国以葡萄牙语、英语、荷兰语为官方语言。

一、美国

1. 见面与称呼礼仪

（1）美国人初次见面时通常行点头礼、微笑礼，但熟人见面可行亲吻礼或拥抱礼。

（2）大多数美国人，不论年龄，都喜欢被直呼其名，并认为这是亲切友好的表示。不喜欢用“先生”“夫人”或“小姐”之类的称呼，他们认为这类称呼太过于正式。

2. 宴请礼仪

（1）美国商界普遍流行早餐和午餐约会谈判，赴约应准时。

（2）宴请时，当女士步入客厅时，男士应起立，直到女士入座后才可重新坐下。

（3）如果取消约会，要及早通知对方并说明原因和诚恳道歉。

（4）如果因特殊情况不能准时赴约，一定要及时通知主人，并说明理由，或者告诉主人可以赴约的时间。

3. 馈赠礼仪

（1）美国人每逢重大节日或朋友的生日、婚礼时，都有送礼的习惯，但平时不随便送礼。

（2）美国人喜欢实用和新颖的礼物。

（3）美国商人会在生意交谈结束时赠送礼物。

（4）美国人收到礼物时习惯马上打开，并当面欣赏礼物和致谢。

4. 禁忌礼仪

（1）美国人忌数字 13 和星期五。

（2）美国人忌打探别人隐私。

（3）美国人忌蝙蝠、黑猫两种动物。

（4）美国人忌穿睡衣出门或会客。

（5）美国人最忌男性之间勾肩搭背，忌同性双双起舞，认为这是一种不正常行为。

（6）美国人忌到亲友家赴宴不带礼物，但忌送厚礼，忌送妇女香水、化妆品或衣物（可送头巾）。

（7）美国人忌有人冲他伸舌头，忌盯视他，忌用食指指点交往对象，认为这些举动是侮辱他人的动作。

（8）美国人忌讳别人说他们“长胖了”，因为美国人大都认为“胖人穷”“瘦人富”。

知识窗

美国概况（见表 7–9）

表 7–9　　美国概况

位置与国土面积	首都		民族
美国的全称为美利坚合众国，在北美洲南部，北接加拿大，南邻墨西哥，东濒大西洋及墨西哥湾，西濒太平洋。国土面积为 937 万平方公里	华盛顿		主要为美利坚民族
国花	**货币**	**国歌与国旗**	**宗教信仰**
玫瑰花	美元	国歌：《星条旗永不落》 国旗：星条旗	主要信奉基督新教、天主教等

二、加拿大

1. 见面与称呼礼仪

（1）在非正式场合，加拿大人喜欢直呼其名，父子之间直呼名字，也是常见之事。

（2）在正式场合，加拿大人会连姓带名称呼对方，并冠以“先生”“小姐”“夫人”之类的尊称。

（3）加拿大人在日常生活里不习惯称呼对方的头衔、学位、职务，只有在官方活动中才会使用。

2. 宴请礼仪

（1）加拿大人多数的宴请都在饭店或俱乐部举行。

（2）应邀到加拿大人家中做客，可给女主人带一束鲜花，也可带一瓶酒或一盒糖果，赴家宴时晚到十分钟左右是礼貌的表现。加拿大人请客多采用自助餐的形式，进餐时，客人要称赞饭菜的味道好，赞美女主人贤惠能干，感谢主人的盛情款待。

（3）宴请结束后，应在几天内给主人打一个电话或寄一张简短的致谢函，以表示感谢。

3. 馈赠礼仪

（1）商务馈赠往往在宴会结束时举行。

（2）馈赠时忌送贵重或装饰豪华的礼物，否则会被视为有行贿的嫌疑。

4. 禁忌礼仪

（1）加拿大人忌数字 13 和星期五。

（2）加拿大人忌黑色和紫色。

（3）加拿大人忌食各种动物内脏。

（4）加拿大人忌送百合花，因为百合花是葬礼使用的花。

（5）在需要指示方向或介绍他人时，加拿大人忌用食指，而应伸手示意。

（6）加拿大人忌说“老”字，养老院被称为“保育院”，老人被称为“高龄公民”。

知识窗

加拿大概况（见表 7-10）

表 7-10　　加拿大概况

位置与国土面积	首都		民族
加拿大位于北美洲北部，东临大西洋，西临太平洋。国土面积为 998 万平方公里	渥太华		英裔加拿大人、法裔加拿大人、华裔加拿大人
国花	**货币**	**国歌与国旗**	**宗教信仰**
枫树	加拿大元	国歌：《哦！加拿大》 国旗：枫叶旗	主要信奉天主教、基督新教

三、墨西哥

1. 见面与称呼礼仪

（1）在墨西哥的商务活动中，一般行微笑礼和握手礼，熟人相见行拥抱礼与亲吻礼。在上流社会的交际活动中，男士对女士行吻手礼。

（2）在正式场合，墨西哥人习惯在交往对象的姓氏之前加上“先生”“小姐”“夫人”之类的尊称。

（3）在墨西哥，如果交往对象有诸如“博士”“教授”“医生”“律师”“议员”之类的头衔，应加以称呼。

2. 宴请礼仪

（1）墨西哥人喜欢邀请朋友到家中做客，用民族膳食招待。

（2）在墨西哥人家中进餐，宾主围坐在一张长方形桌子周围，主人坐在桌子一端，主宾坐在另一端，其他客人则在桌子两侧就座。

（3）进餐过程中，应主动遵守西餐的用餐礼仪。

3. 馈赠礼仪

给墨西哥人送礼，尽量不要送花，以免造成误解；可送的礼品有酒、装帧精美的书籍、水晶或玻璃制品、金色的笔、金色香烟打火机等。

4. 禁忌礼仪

（1）墨西哥人忌讳数字 13 和星期五。

（2）墨西哥人忌与陌生男子行亲吻礼或吻手礼。

（3）墨西哥人忌讳黄花和红花，他们认为黄色意味着死亡，红色花会给人带来晦气。

（4）墨西哥人忌蝙蝠及其图案和艺术造型，因为他们认为蝙蝠是一种吸血鬼，给人以凶恶、残暴的印象。

（5）墨西哥人忌紫色，认为紫色是棺材的颜色。

（6）墨西哥人忌手心朝下，在儿童头部的位置与地面平行比画，因为他们认为这是一种侮辱人的手势。

知识窗

墨西哥概况（见表 7-11）

表 7-11 墨西哥概况

位置与国土面积	首都		民族
北部同美国接壤，南侧和西侧濒临太平洋，东南濒临加勒比海，与伯利兹、危地马拉接壤，东部则为墨西哥湾。国土面积为196 万平方公里	墨西哥城		印欧混血种人、印第安人
国花	**货币**	**国歌与国旗**	**宗教信仰**
仙人掌、大丽菊	墨西哥比索	国歌：《墨西哥人响应战争号召》 国旗：	主要信奉天主教，少数人信奉基督新教

第五节 非洲及大洋洲主要国家（地区）礼仪

非洲面积仅次于亚洲。非洲居民构成非常复杂，他们大都信仰各种原始宗教，此外还信仰伊斯兰教和基督教。非洲各个国家和地区之间在礼仪和禁忌方面的差异较大。

大洋洲是世界上最小的一个洲，位于太平洋中部和中南部的赤道南北广大水域中。大洋洲有十四个独立国家，各国经济发展水平差异显著。

一、埃及

1. 见面与称呼礼仪

（1）埃及人见面一般行握手礼、拥抱礼，偶尔行亲吻礼。

（2）埃及人打招呼时，常称对方为“阿凡提”，即“先生”“阁下”的意思。

（3）埃及人喜欢对方称呼自己的头衔。

2. 宴请礼仪

（1）埃及的晚餐往往在 22：30 以后才开始。

（2）到埃及人家做客，应称赞女主人体态丰满。

（3）埃及人习惯上用发誓等方式劝客人多吃，宴会从头至尾主人均会表现得非常热情。

（4）节日招待客人时，埃及人习惯先用巧克力和水果招待，后上的饭食主要有肉末薄饼、炖肉等。

（5）进餐中，埃及人忌将盘子里的食物吃光，忌饮酒。

（6）埃及商人在办公室或社交场合总要喝茶或咖啡，但每人一般不超过三杯，当喝完之后，要将杯子转动一下再递给主人，表示“够了，谢谢”。

3. 馈赠礼仪

受邀至埃及人家中做客，可将鲜花与巧克力作为礼物。

4. 禁忌

（1）埃及人忌蓝色、黑色和黄色的花。

（2）埃及人忌讳的话题有政治问题及与猪、狗相关的话题。

（3）埃及忌用左手握手、递东西，因为他们认为左手不洁。

（4）在埃及，15：00—17：00 忌讳买针、卖针。

（5）埃及人忌他人在自己面前打哈欠、打喷嚏。

知识窗

埃及概况（见表 7-12）

表 7-12 埃及概况

位置与国土面积	首都		民族
埃及位于非洲东北部，北临地中海，东濒红海。国土面积为 100 万平方公里	开罗		90% 以上为阿拉伯人
国花	**货币**	**国歌与国旗**	**宗教信仰**
睡莲	埃及镑	国歌：《我的祖国》 国旗：	主要信仰伊斯兰教

二、南非

1. 见面与称呼礼仪

（1）南非人在正式社交场合一般行握手礼。

（2）南非黑人习惯用左手握住右手手腕，然后用右手与受尊敬的人握手。

（3）南非黑人在与尊贵的客人相见或分别时，习惯送上一支孔雀毛。

（4）南非人习惯称对方为“先生”“小姐”“夫人”等。

2. 宴请礼仪

在南非黑人家中做客，主人喜欢用刚挤出的牛奶、羊奶或自制的啤酒待客，客人一定要多喝，最好一饮而尽。

3. 禁忌礼仪

（1）南非黑人忌他人对自己的祖先言行失敬。

（2）南非忌讳的话题有为白人评功摆好，评论不同黑人部族与派别之间的关系及矛盾，非议黑人的古老习惯等。

知识窗

南非概况（见表 7-13）

表 7-13　　南非概况

位置与国土面积	首都		民族
南非地处南半球，位于非洲大陆的最南端，东、西、南三面临印度洋与大西洋，地处两大洋的航运要冲。国土面积为 122 万平方公里	立法首都：开普敦		祖鲁人、科萨人等
国花	货币	国歌与国旗	宗教信仰
帝王花	兰特	国歌：《天佑非洲》 国旗：	信奉基督教、伊斯兰教、印度教等

三、澳大利亚

1. 见面与称呼礼仪

（1）澳大利亚人相见时通常行握手礼，熟人见面可随意地问候一声“你好”，或是挤一下左眼，有些土著居民之间则用中指相互勾拉一下。

（2）在澳大利亚，“伙伴”是一种友好的称呼，“先生”则是一种敬称，商务交往中也可直呼名字。

2. 宴请礼仪

澳籍英国移民后裔忌在餐桌上谈生意，但澳籍美国移民后裔则正好相反。

3. 馈赠礼仪

（1）英国文化背景的澳大利亚人喜欢优质茶叶、橘子汁、苏格兰威士忌、脆饼等礼物。

（2）应邀到澳大利亚人家做客，可以给男主人带瓶葡萄酒，给女主人带一束鲜花。

4. 禁忌礼仪

（1）澳大利亚人忌数字 13 与星期五。

（2）澳大利亚人忌自谦的客套语言，认为这是虚伪、无能或看不起人的表现。

（3）在澳大利亚人看来，兔子是一种不吉利的动物。

（4）谈话中应避免评论他们与英国、美国的异同。

（5）除工会、宗教与个人问题外，其他话题几乎都可以用于与澳大利亚人的交谈中。但对澳大利亚人，关于“社会与现代人社会的关系”“袋鼠数量的控制”这两个话题比较敏感，不宜过多涉及。

知识窗

澳大利亚概况（见表 7–14）

表 7–14 澳大利亚概况

位置与国土面积	首都		民族
澳大利亚位于南半球东部，四面临海。国土面积为 769 万平方公里	堪培拉		英裔澳大利亚人、亚裔澳大利亚人、澳洲原住民
国花	货币	国歌与国旗	宗教信仰
金合欢	澳大利亚元	国歌：《澳大利亚、前进》 国旗：	主要信奉基督新教和天主教

思考与练习

一、简答题

1. 什么是秘书涉外礼仪？秘书涉外礼仪的基本原则是什么？

2. 简述与中国港澳台地区的人打交道的礼仪。

3. 简述与法国人打交道的礼仪。

4. 简述与美国人打交道的礼仪。

5. 简述与澳大利亚人打交道的礼仪。

二、案例分析题

焦小姐机敏漂亮、待人热情、工作出色，因而颇受单位重用。有一回，焦小姐所在的单位派她和几名同事一同前往泰国洽谈业务，可是，平时处事稳重、举止大方的焦小姐在泰国期间，竟然由于行为不慎而惹了一场不大不小的麻烦。

事情的大致经过是这样的：焦小姐和她的同事一抵达目的地，就受到了东道主的热情欢迎，在为他们举行的欢迎宴会上，主人亲自为每一位来自中国的嘉宾递上一杯当地特产的饮料，以示敬意。轮到主人向焦小姐递送饮料之时，一直是“左撇子”的焦小姐自然而然地抬起自己的左手去接饮料，见此情景，主人脸色骤变，不仅没有把那杯饮料递到焦小姐伸过来的左手中，还非常不高兴地将它重重放在餐桌上，随即理都不理大家就起身离开了。

问题：

1. 焦小姐的“行为不慎”指的是什么？为什么会由此而招惹了不大不小的麻烦呢？

2. 简述泰国人还有哪些方面的礼仪禁忌？